亲密关系【实操篇】

寻找自我的旅程

[加]克里斯多福·孟 ◎ 著
王岑卉 ◎ 译

中国友谊出版公司

图书在版编目（CIP）数据

亲密关系. 实操篇 /（加）克里斯多福·孟著；王岑卉译. -- 北京：中国友谊出版公司，2019.6（2023.12重印）

ISBN 978-7-5057-4721-0

Ⅰ.①亲… Ⅱ.①克…②王… Ⅲ.①人际关系学—通俗读物 Ⅳ.① C912.11-49

中国版本图书馆 CIP 数据核字（2019）第 089534 号

书名	亲密关系. 实操篇
作者	［加］克里斯多福·孟
译者	王岑卉
出版	中国友谊出版公司
发行	中国友谊出版公司
经销	新华书店
印刷	河北鹏润印刷有限公司
规格	889 毫米 ×680 毫米　32 开 8.5 印张　208 千字
版次	2019 年 7 月第 1 版
印次	2023 年 12 月第 8 次印刷
书号	ISBN 978-7-5057-4721-0
定价	49.80 元
地址	北京市朝阳区西坝河南里 17 号楼
邮编	100028
电话	（010）64678009

如发现印装质量问题，影响阅读，请联系010-82069336

谨以此书献给你我。

目录

引言 / 1

第一阶段：绚丽

理想：亲密关系的痛苦之源 / 002

话题＃1：理想 / 005

指导建议 / 006

期望：滋生自我怀疑的完美土壤 / 008

话题＃2：期望 / 012

指导建议 / 013

特别：别以爱的名义控制我 / 015

话题＃3：特别 / 018

指导建议 / 018

抱怨：直面内心的需求不足 / 020

话题＃4：抱怨 / 023

指导建议 / 024

怨恨：拒绝承认自我的存在 / 026

话题＃5：怨恨 / 031

指导建议 / 032

拒绝：远离痛苦，却进一步孤立自己 / 036

话题＃6：拒绝 / 039

指导建议 / 040

注意事项 / 041

操纵：你的行为动机并非出自爱 / 042

话题＃7：操纵 / 045

指导建议 / 045

愤怒：引发对方的负罪感及其恐惧 / 048

话题＃8：愤怒 / 051

指导建议 / 052

父母：亲密关系中的隐形负担 / 054

话题＃9：父母 / 057

指导建议＃1 / 057

指导建议＃2 / 058

痛苦：双方爱意的交会之处 / 060

话题＃10：痛苦 / 063

指导建议 / 063

自以为是：坚持对错只是你在自卫 / 065

话题#11：自以为是 / 069

指导建议 / 069

注意事项 / 070

依附：找回真正的自由 / 071

话题#12：依附 / 073

指导建议 / 074

第二阶段：幻灭

寻求帮助：认清问题背后的内心感受 / 078

话题#13：寻求帮助 / 080

指导建议 / 081

两极：你本性的另一面 / 082

话题#14：两极 / 086

指导建议 / 087

权力斗争（沟通）：开诚布公，卸下心防 / 089

话题#15：权力斗争（沟通）/ 092

指导建议 / 093

昔日的依附：与过去平静地挥手告别 / 096

话题＃16：昔日的依附 / 099

指导建议 / 099

习惯与模式：列出创意生活清单 / 102

话题＃17：习惯与模式 / 104

指导建议 / 105

冒险：打破自身限制 / 106

话题＃18：冒险 / 108

指导建议 / 109

注意事项 / 109

评判：所有批判都是自我评判 / 110

话题＃19：评判 / 113

指导建议 / 114

镜像：你才是镜子里的人 / 117

话题＃20：镜像 / 119

指导建议＃1 / 120

指导建议＃2 / 121

选择爱：亲密关系的转折点 / 122

话题＃21：选择爱 / 123

指导建议 / 124

转型危机：重温过去错误的绝佳机会 / 125

话题＃22：转型危机 / 128

指导建议 / 128

独立游戏：持续否认彼此的需求 / 131
话题#23：独立游戏 / 134
指导建议 / 135

理性谎言：切断深层联系的防御机制 / 137
话题#24：理性谎言 / 140
指导建议 / 140

替罪羊：向前一步，向爱靠近 / 142
话题#25：替罪羊 / 145
指导建议 / 145

第三阶段：内省

倦怠：释放你的激情 / 148
话题#26：倦怠 / 151
指导建议 / 151

投射：学会接纳自己的侧面 / 153
话题#27：投射 / 156
指导建议 / 157

道歉：与原谅无关 / 159
话题#28：道歉 / 161
指导建议 / 162
注意事项 / 163

承诺：给予对方无条件的爱 / 164

话题＃29：承诺 / 167

指导建议 / 168

往昔的馈赠：每一段关系都给予你馈赠和教导 / 169

话题＃30：往昔的馈赠 / 173

指导建议 / 173

痛苦时给予爱：消除痛苦最直接的方式 / 175

话题＃31：痛苦时给予爱 / 178

指导建议 / 178

嫉妒：邀请接纳和平静进入内心 / 180

话题＃32：嫉妒 / 183

指导建议 / 183

心意相通：在患难与共中感受爱 / 185

话题＃33：心意相通 / 188

指导建议 / 188

下一步：为生活创造新的机会 / 190

话题＃34：下一步 / 192

指导建议 / 193

牺牲：出于爱去行动 / 194

话题＃35：牺牲 / 196

指导建议 / 197

阴影人：学会去接受、去融合 / 199

话题#36：阴影人 / 201

指导建议 / 202

融合练习 / 203

独处：花点儿时间看见自己 / 204

话题#37：独处 / 207

指导建议 / 208

选择立场：当下的行为动机遵从内心 / 209

话题#38：选择立场 / 213

指导建议 / 214

臣服：接受问题的本来面目 / 216

话题#39：臣服 / 221

指导建议 / 221

第四阶段：启示

宽恕：无辜之人不会责怪别人 / 224

话题#40：宽恕 / 229

指导建议 / 230

赞赏：内心深处涌现的认可 / 232

话题#41：赞赏 / 234

指导建议 / 234

起始：黎明前总是最黑暗的 / 236
话题＃42：起始 / 239
指导建议 / 239

满足：当给予和接受达到平衡 / 241
话题＃43：满足 / 244
指导建议 / 244

灵魂伴侣：先与自己的本质建立伙伴关系 / 246
话题＃44：灵魂伴侣 / 248
指导建议 / 248

优先考虑：什么会排在人生第一位 / 250
话题＃45：优先考虑 / 252
指导建议 / 253

致意 / 255
致谢 / 256

引言

本书是《亲密关系：通往灵魂的桥梁》一书的配套手册。如果你希望为亲密关系打下坚实的基础，深入理解其中的基本动态关系，本书将使你受益匪浅。它还将告诉你如何应对人生中种种关系带来的机遇与挑战。

首先，本书将亲密关系视为设计完美的人类体验，其中没有巧合、没有意外，也没有错误。这不是指我们在亲密关系中的行为方式。毕竟，我们的某些做法并不是那么明智。但亲密关系中切实存在的关系动力是什么？如果你能看透亲密关系背后的秘密，是否就会认为每段关系都是有特定目的的？如果是这样的话，这部指南不但能帮你意识到亲密关系的目的，还能帮你看清自己生活的目标。

我将全套课程分为四个阶段，对应《亲密关系：通往灵魂的桥梁》描述的亲密关系四阶段——绚丽、幻灭、内省与启示。并不是说亲密关系只包括这四个阶段，但它们是打造真正伴侣关系的四大基石。真正的伴侣关系究竟能带你走向何方？《亲密关系：通往灵魂的桥梁》和这本配套指南只提及了少许，还有许多秘密有待你去发现。

最后提一句，你不需要先阅读《亲密关系：通往灵魂的桥梁》，也能读懂并完成这部指南介绍的练习。这两本书都可以独立阅读。此外，如果书中的某些指导或练习对你有帮助，请不要拘泥于文字本身。学习源于真正的理解，而不是死记硬背。

如果你已经准备好踏上这趟深入内心的探险之旅了，那就祝你好运！旅途愉快！

第一阶段：绚丽

了解"绚丽"阶段，弄清楚促使你迈进一段亲密关系的诸多因素。这些因素既可能成为未来冲突的根源，又可能成为当下觉知和情绪成年的源泉。

理想：亲密关系的痛苦之源

很少有东西能像理想的幻象一样，彻底拒绝生命的馈赠。

坐在我办公室里的那对夫妇在椅子上不安地动了动，显然是遇到了新来访者常见的难题：从何说起？谁先说？不出意料，妻子珍妮特先出了声。正式开口之前，她先清了清嗓子。

"就是……呃……我也不知道……"她微微扭过头，瞄了一眼坐在另一张椅子上的丈夫布拉德，然后转身对我说，"我觉得跟我当初想象的不一样……我是说结婚。"她又看了一眼布拉德，像是给丈夫插话的机会，但他似乎还没做好准备，"我是说，我现在看着他，发现他一点儿都不像我当初嫁的那个人。"

"一年前，你对我的样子不满意，是你说想让我改改的啊。"布拉德的语气有点儿暴躁，"现在，你又想让我变回当初的样子。老天啊，给个准信儿行不！"

"我希望你变回我们刚结婚时那个样子。我的意思是，我心里想象的那个人。"

"又不是只有我变了！你也不是我想象的那个人！"布拉德跟妻子针锋相对，唇枪舌剑持续了十分钟。然后，我打断他们，提了一个问题：

"布拉德，你说珍妮特不是你想象的那个人——"

"呃，是她先说的！"他急了，连忙为自己辩护。

"我知道。但你先说说，好吗？"

"为啥要我先说？是她想做这个该死的咨询的！她总是说：'你不是我嫁的那个人，你不是我嫁的那个人！'好吧，她也不是我想要的那个人！"

"那你想要的是什么呢？"

"我想要她装出来的那些——"

"装出来的？！"珍妮特火山大爆发了。

"等等，等等，"我轻声打断他们，抬起双臂，手掌朝外，一只手冲着一个人，"布拉德，我先问问你，你希望珍妮特是什么样的妻子？"

"就像我们刚开始约会时那样——那个时候，我还以为她是我的梦中情人呢。"

"你的'梦中情人'？这话是什么意思？"

"只是打个比方啦。"布拉德回答说，身子陷进扶手椅里，双臂抱胸。然后，他稍稍扭动了一下，嘴里嘟囔着："唉，这椅子真不舒服！"

"好吧，就当我什么都不懂好了。如果珍妮特真是你的梦中情人，她应该是什么样的妻子？"

"反正跟坐在那把椅子上的人不一样！"他嘴里嘟囔着，扭过头去，看都没看妻子一眼。我举起手制止了珍妮特，希望她暂时不要插嘴。

"好吧，能再说得具体一点儿吗？你理想中的女人应该是什么样的？"

"嗯，你懂的！就像每个男人都想要的那样。"

"呃，抱歉，我可不是永远十八、胸大无脑、只想着性事的啦啦队长！"珍妮特火了。

"三点只满足一点，我也能接受——只要她还会做饭！"

"好吧，好吧，"我赶紧说，"布拉德，就假装我不知道你的梦中情人是什么样的吧。"我鼓励他继续说下去，足足花了十分钟给他打气，又给小两口儿拉架。最后，他终于开了口：

"我只想要个善良、爱我的女人。她会觉得我是个好男人，你懂吧？一个会支持我走向成功的女人。她不在意我的缺点，不会评头论足，只会真诚待人、乐于助人。她知道什么时候该让我一个人待着，什么时候该陪在我身边。她要是个安安静静的女人，但聪明又风趣，还是个性感的情人，在床上不用费太大力气就能调动起兴致来……"

布拉德说话的时候，我眼角的余光正好能看见珍妮特。她的肢体语言变得越来越僵硬，双臂抱胸，双腿交叉，脸涨得通红。谢天谢地，她没有插嘴，给丈夫留出了他需要的空间。不过，布拉德话音刚落，她就说起了自己的梦中情人：

"我想要个强壮的男人——身体当然得强壮，但情感上也得强大。他要能理解我的感受，是个有同情心的倾听者，能全心全意听我说话。我想要个职场上的成功人士，但在家里也能修东西。但他不会把所有时间都花在工作上、泡在车库里，或者待在电脑前面。他得是个好父亲，会陪孩子们玩。还要是个火辣的情人，知道在床上该怎么慢慢调动起我的兴致。"

"哦，对了，"布拉德突然冒出一句，"对我的孩子（我是说，我们的孩子）来说，我想要的女人必须是个有耐心又有爱的母亲，但不会累到晚上没力气亲热。而且，在我想要的时候总是有兴致，用不着每次办正事前都得先忙活半小时。"

"我的梦中情人总是想要我，而不仅仅是我的身体。他永远觉得我最美。"

他们像这样互怼了好几分钟，最后各自倒回椅子上，脸上都写满了悲伤。

"你们把各自的理想伴侣描述得很详细了，"我说，"我相信，如果时间够的话，你们能再想出二三十点来。"我靠回椅背上，先观察了他们一会儿，然后发表了自己的看法，"但你们没有跟自己的理想伴侣结婚——你们跟对方结了婚。"

****

话题 # 1：理想

尽管理想让人激动，能激励你实现伟大的目标，但它也有可能成为你生活的痛苦之源，尤其是在你最重要的亲密关系之中。这个话题指出，如果拿实际伴侣跟幻想中的理想对象做比较，你可能会感觉不满。当理想的幻象变得比接受并欣赏实际拥有的东西更重要时，你内心深处总是不满足的"批评家"就会蹦出来。你内心会备受折磨，无法接受现实。当你只关注理想状态，想象亲密关系或伴侣应该是什么样子的时候，内心的"批评家"就会让你变得盲目，看不见当下给予你的馈赠和教导。

想要弄清楚理想的幻象是否影响了你和伴侣的关系，请思考以下问题：

1. 你是不是喜欢批评自己的伴侣，希望对方符合你理想中的伴侣形象？

2. 你是不是变得麻木，或者疏远了伴侣，只因为对方一直无法满足你的想象？

3. 从某种程度上说，你是否还在寻找更优秀的人？

4. 反思一下自己对理想伴侣的想象，它对你现有关系的影响是好还是坏？

5. 最后，从伴侣身上找出你无法接受的一点，拿它跟你的理想伴侣做比较。然后问问自己："我更看重哪一个？是我的理想伴侣，还是我的实际伴侣？"

指导建议

以下练习能帮助你看穿亲密关系中不切实际的理想幻象。完全靠直觉写下答案，思考下面列出的几个方面，比较你对理想伴侣（100%）和现有伴侣的评价。

在以下几个方面，我的评价是：

风趣与活泼：	理想伴侣 100%	现有伴侣____%
热情与激情：	理想伴侣 100%	现有伴侣____%
性爱满意度：	理想伴侣 100%	现有伴侣____%
浪漫程度：	理想伴侣 100%	现有伴侣____%

力量与魅力：	理想伴侣100%	现有伴侣____%
性感程度：	理想伴侣100%	现有伴侣____%
外表吸引力：	理想伴侣100%	现有伴侣____%
对我的需求的敏感程度：	理想伴侣100%	现有伴侣____%
体贴程度：	理想伴侣100%	现有伴侣____%
尊重并欣赏我：	理想伴侣100%	现有伴侣____%
沟通（理解与分享）：	理想伴侣100%	现有伴侣____%

无论你踏进了什么样的亲密关系，理想永远都比实际美好——直到你对爱和情绪成年的重视超过了你对理想的重视。只有超越幻想，才能接受现实。接受现实能让你找到内心的平静，打开通往爱的大门。在那之后，伴侣就会成为帮助你成长的人。理想不过是目标，其实只有对当下事物的反应才会让你开心或不开心。你面前有两条路：要么追求理想，要么接受现实。

你不用为了超越幻想而苦苦挣扎。事实上，你根本不用关注自己的幻想，只需要意识到理想导致了你忽略伴侣，重新关注对方身上的美好品质就行了。只要你这么做，就会对当下拥有的东西感到满足，朝着情绪成年大步迈进。

期望：滋生自我怀疑的完美土壤

只有抛开期望，才能获得自由。

"但你们没有跟自己的理想伴侣结婚——你们跟对方结了婚。"

"这话是什么意思？"珍妮特问我。

"这话的意思是，我们付了那么多咨询费，他说的都是些显而易见的东西。"布拉德对她说。

"你们有没有想过，为什么你们会有'理想伴侣'的幻想？为什么会因为伴侣不符合理想而失望？所谓的'理想伴侣'到底有什么意义？"

"我没听明白。"珍妮特皱起了眉头。

"对，这话也是我们付钱让他说的。"布拉德嘀咕着。

"这个'理想伴侣'应该能给你些什么？应该能让你有什么感觉？"我先看了珍妮特一眼，然后看了布拉德一眼，最后抛出了问题。

"感觉良好。"布拉德说。

"开心。"珍妮特说,"他应该让我开心——觉得自己有人爱。"

"对,"布拉德表示同意,"感觉良好,而且开心——感觉有人爱。"

"理想伴侣怎样才能让你感觉良好、开心、有人爱?"

"应该从很多小事里表现出来!"珍妮特激动起来。她显然对这个问题很感兴趣,说话时身子前倾,"比如,在我生日那天做点儿特别的事,还有——"

"我每年都给你的生日做安排的!"布拉德忍不住插嘴。

"我生日是哪一天?"珍妮特故意问。

"五月——五月初。五月十二日,对吧?"

"五月二十一日。"珍妮特泄了气。

"我知道的!只是把数字记反了嘛。"布拉德解释说,不好意思地咧嘴一笑。

"每年都得我提醒他才行。"珍妮特告诉我。

"我这人不大关注细节啦。"布拉德耸了耸肩。

"但我们每次去餐馆吃饭,他都能完全靠心算,算出百分之十五的小费该给多少,精准到小数点后两位!"

"所以说,"我刻意加重语气,试图让他们回到正题,"为了让你感觉良好、开心、有人爱,你的理想伴侣应该做很多小事。能再举一些例子吗?"

"可以呀,没问题。比如……记得庆祝我的生日,我对他说话时别盯着电脑,认真听我说话——我的意思是,不是左耳进右耳出那种。每天留出时间陪我散步,关心我这一天过得怎么样……跟我分享他的感受……呃……欣赏我……哦,还有帮我做晚饭。要是我们能一起做饭的话,我会更开心。让我想想,还有什么……"

"你就知道摆餐具！"布拉德语带讥讽,"我们的咨询时间还多得很呢！"

"哎哟,你倒是聪明呀,那你怎么不说说看？"

"说就说！我的理想伴侣会给我留出私人空间。我下班回到家的时候,她总是开朗、活泼。她会欣赏我的优秀品质。我在电脑上忙着的时候,她会安安静静,闭上嘴。"

"我有个好主意,"我提议,"你们可以轮流说出对对方的一个期望。"

"我还以为我们在说理想伴侣呢。"布拉德说。

"事实上,你们在说的是对伴侣的期望。你们都把期望和要求硬塞给对方,试图把对方变成自己的理想伴侣。继续说吧,还有十五分钟呢。刚才说过的也可以再说,但这一次,请把它们看成是对对方的期望。比如,布拉德,你可以说'珍妮特,我希望你能多欣赏我',或者类似的话。"

"我懂了。好的,珍妮特,我希望你能多欣赏我——少批评我。"

"布拉德,我对你说话的时候,希望你能跟我多交流。"

"我下班回家的时候,希望你能给我留出更多的空间。"

"我希望你关心我这一天过得怎么样。"

"珍妮特,我希望你在朋友面前多说我的好话。"

"布拉德,我希望你记住我的生日——还有我们的结婚纪念日。"

"我希望你在我忘事的时候宽容点儿。"

"我希望你能多体谅我的感受。"

"我也希望你能这样,珍妮特。"

"布拉德,我希望你心情不好的时候,能跟我分享你的感受。"

"我希望我心情不好的时候,你能让我一个人待着,除非你提议跟我亲热一下。"

"我希望你能尊重我的感情和我的身体。"

"好了,"我告诉他们,"我看得出,你们可以一直说下去,但这次咨询的时间不多了。从刚才说的这些,你们能看得出,你们对彼此有很多期望吗?"他们都点了点头,"你们知道这些期望的目的是什么吗?"

"对伴侣有所期望不是很正常吗?"珍妮特问。

"嗯,人都会这么做,"我回答,"不过,布拉德忘记你们结婚纪念日的时候,你有没有注意自己当时有什么感觉?"

"我很生气。"

"好的,还有什么?"

"我也不知道。说实话,我只顾着生气了。"

"你没对他失望吗?"

"噢,对,我当然对他很失望。"珍妮特承认。

"你注意到你对自己有什么感觉了吗?"我给她时间思考这个问题,但先说出答案的是布拉德。

"每次她批评我忘记某件事的时候,我都觉得自己好失败,简直是个废柴。"

"哦,布拉德,"珍妮特假装安慰他说,"你又不'肥(废)'。"

"该死的——这算是表扬吗?"他气恼地大吼。

"我们的期望源于对受重视和归属感的需求——有人称之为'特别感'。"我说。

珍妮特问道:"但我希望他能满足我的期望。如果我们不能满足对方,那为什么还要在一起,不如干脆离婚算了?"

"小孩子总是觉得,自己想要什么、需要什么,就应该得到什么。说什么也要让自己的期望得到满足，这其实是小孩子的心态。但婚姻是成年人的事，至少是为了帮助我们成长。"

"如果说我还没准备好呢？我希望有人爱，希望布拉德像那样爱我，这是我坚持下去的动力。"

"好吧，但当你的期望没有得到满足，你觉得自己不受重视、遭到拒绝、一点儿也不特别的时候，可别觉得惊讶。"

****

话题 # 2：期望

期望是对伴侣施加的一种情感压力，希望伴侣满足你的内在需求。通常来说，这种需求与你对受重视、被接纳的渴望息息相关。受重视、被接纳就意味着有人爱。"期望"这种行为有几个特点。

第一个特点是，无论什么时候，只要你对伴侣寄予期望，就是在大声宣布，你这个人是不完整的，只有某些身外之物能让你圆满。这是滋生自我怀疑的完美土壤。你对伴侣抱的期望越大，内心的疑虑就越多，就越会觉得自己不完整。

第二个特点是，如果你有所期待，最后一定会失望，因为没人能给你你需要的东西、达到你期望的程度。期望越大，失望越大。

第三个特点是，期望被错误地与"爱"画上了等号。一个人在说出自己的期望之前，通常附加了一个不言而喻的条件，那就是："如果你真的爱我，你就会……"事实上，期望只与对受重视、归属感、安全感、力量感的需求有关，与真正的爱毫无关系。

最后一个特点是，当你让伴侣肩负起让你开心的责任时，就放弃了自己内心最强大的力量——真正的圆满和无条件的幸福。这个话题要告诉你的是，请在生活中放下对伴侣（和其他任何人）的期望，不要期待他们向你提供你已经拥有的东西。

指导建议

首先，审视你对伴侣的失望。虽然你可能没有意识到这种感觉，但还是请审视一下你们的关系。如果你和伴侣之间出现了隔阂，请看看是否存在悲伤、怨恨、苦恼等潜在的感受。它们是"失望"的常见组成部分。

以下练习会对你有所帮助。

亲密关系的重要方面：
从下面选择一个短语，将句子 1 补充完整。

风趣与活泼	热情与激情
性爱满意度	浪漫程度
力量与魅力	性感程度
外表吸引力	对我的需求的敏感程度
养育（教导）孩子	与公婆（岳父母）的关系融洽程度
经济实力	体贴程度
沟通能力	

1. 我在＿＿＿＿＿方面对伴侣感到失望。

接下来，根据你选择的那个方面，将句子 2 到句子 4 补充完整。

2. 我期待伴侣做_____。

3. 如果他满足了我的期望，我相信自己会感到_____。

4. 只要他没有满足我的期望，我就会一直感到_____。

将上述每个短语都填进句子 1，并将句子 2 到句子 4 补充完整后，看看以下哪个选项更适合你：

选项 1：继续把期望强加给伴侣，在期望没得到满足时深感失望，仍然觉得自己的内心不完整。

选项 2：帮伴侣卸下你期望的重担。这将开启一扇大门，让你发现真正的自我，并意识到：

- 任何身外之物都不可能让你开心。
- 你觉得自己需要的东西，其实一直藏在你的内心深处。

没有什么特殊技巧能让你抛开期望。你只需要意识到，期望只会导致不满乃至痛苦。这有助于让它松开对你的束缚，也有助于你更平静地接受现实，而不是追求"本该有的东西"。

特别：别以爱的名义控制我

爱不喜欢选边站队。

"好吧，但当你的期望没有得到满足，你觉得自己不受重视、遭到拒绝、一点儿也不特别的时候，可别觉得惊讶。"

"呃，有谁不想觉得自己很特别呀？"

"大家都想吧。"我承认。

"如果你对某人来说不特别，他对你来说也不特别，那两个人干吗还要在一起？"

"不好意思，但这一回我们只能聊到这里了。已经超时五分钟了。"

"噢，不！整整五分钟啊？你肯定累惨了吧！"布拉德语带嘲讽，一脸讥笑。

"你们应该觉得很特别才对！"我开玩笑说，"我从来不跟来访者超时的。"

让我惊讶的是，提出下周再见面的竟然是布拉德。他这个做法似乎让珍妮特很开心。八天后，他们准时出现，看起来热情满满，跃跃欲试。珍妮特捡起了我们上周没说完的话题。

"我们回去聊了你说的——期望只跟受重视、特别感有关什么的。如果不是因为感觉很特别，我们想不出为什么两个人要在一起。"

"这对你们有帮助吗？"我问。

"我得承认，不是很有帮助。不过，我们觉得，既然明白这一点了，我们就可以努力让对方感到特别。"

"你懂的，"布拉德解释说，"让对方感觉被渴望、被欣赏、被珍惜、有人爱……就是那些鬼玩意儿啦。"

"布拉德！"珍妮特一拳捶在丈夫肩头。布拉德连忙高举双手，佯装投降。

"开个玩笑嘛！"他呵呵直笑。

"你的意思是，你们会努力满足对方的每个期望？"我疑惑地问，"你们有没有想过，对特别感的需求是无法满足的？就算能用某种方式满足对方的需求，达到对方期望的程度，你们还是不会知足。如果你们中的一个人给了其他人特别的关注，就会引起另一个人吃醋、嫉妒、伤心，或者是感觉背叛……你们需要忍受的种种折磨，就跟对特别感的需求一样没有尽头。"

"我敢打赌，你是那种带大头针参加孩子生日派对的人——你会把气球全戳爆，害得他们哇哇大哭。"布拉德的话里带着浓浓的嘲讽，却没能掩饰他肢体语言表达出的沮丧。

"呃，这么想又有什么意义呢？"珍妮特语带挑衅，"我这辈子做的每件事似乎都是为了证明我的价值。为什么婚姻就不行？为什么我和布拉德就不能帮对方证明我们对世界、父母、社会或者其他东西有价值？"

"你们当然可以试着这么做。"我承认，"世界上有几十亿人想的跟你一模一样——证明自己，证明自己有价值，是大家活下去的动力。但我每年都会看到好几百个来访者——还有好几千个参加工作坊的学员——痛苦不堪，就因为他们受重视的需求没得到满足……或者是他们某个方面的需求得到了满足，但还不够。永远都不够！"

"那我跟这个男人在一起还能期望啥呢？"她冲丈夫抬了抬下巴，"一辈子都失望，就因为他不听我说话，不懂得欣赏我，或者……根本就不想要我？"

"你期望被人特别对待。让你始终感到失望的是这种期望本身，而不是布拉德。"

"嘿，我喜欢这个人！"布拉德大声宣布。

我微微一笑，接着往下说："正是受重视和归属感这种人的需求让你有所期望。"

"但我们本来就是人啊！"

"在人的形态出现之前，是否还有别的东西？"

"什么？你是说外星人占了我的身体？"不出所料，布拉德大声问道。

"你是说灵魂，或者是灵性？"珍妮特猜测。

"也许你们之间的关系能帮你们找到答案。也许亲密关系还有另一个目的，跟追求特别感导致的痛苦没有关系，只是帮你们想起在觉得自己'不过是人'之前，你们的本质是什么。所以说，你们有两个选择：一是找出亲密关系的真正目的，二是对特别感的无尽追求。"

****

话题 # 3：特别

这个话题会让你花一点儿时间审视亲密关系的目标。绝大多数亲密关系都始于对特别感的需求。刚开始一段关系的时候，你会希望自己对伴侣来说很特别，希望对方喜欢跟你在一起胜过喜欢跟其他任何人在一起。你必须是对方心目中的第一位！

对特别感的需求会促使你试图操纵或控制伴侣，确保你始终是对方的首要考虑，确保对方的一举一动不会削弱你是"特殊人物"的地位。你会为伴侣划定条条框框：他在私下或公开场合应该怎么说话、怎么做事，免得让你觉得尴尬、不安全或微不足道，你永远都要是最受尊重的那一位。毕竟，作为"特殊人物"，你必须站在金字塔的塔尖……而塔尖只够一人驻足。

因此，追求特别感最终会导致你和伴侣陷入"如履薄冰"的危险状态。这样的亲密关系中充满种种限制，伴侣随时可能辜负你的期望。这个话题是为了告诉你，对特别感的追求最终只会带来悲伤、嫉妒、焦虑和失望。是时候以爱的名义放弃追求特别感了！

指导建议

追求特别感可以通过消极的方式，也可以通过积极的方式。有人会用疾病来吸引别人的关注，有人则发现，家财万贯或事业成功会让人刮目相看。现在，你需要想一想，你一直以来是靠什么让自己感觉或显得特别。请完全靠直觉，将以下句子补充完整。

- 我比其他人特别，是因为我能＿＿＿＿＿＿＿＿＿＿＿＿＿＿＿＿＿＿。
- 我比其他人特别，是因为我是＿＿＿＿＿＿＿＿＿＿＿＿＿＿＿＿＿＿。
- 我比其他人特别，是因为我有＿＿＿＿＿＿＿＿＿＿＿＿＿＿＿＿＿＿。
- 我比其他人特别，是因为我经历过＿＿＿＿＿＿＿＿＿＿＿＿＿＿。
- 我比伴侣特别，是因为我＿＿＿＿＿＿＿＿＿＿＿＿＿＿＿＿＿＿＿。

　　就这么一句一句往下写，直到涵盖了你所有的品质、财富、体验、天赋、能力、外貌，也就是让你脱颖而出、比你认识的人（包括伴侣在内）都特别的东西。在读下一段之前，请多花点儿时间做这个练习。

　　通常来说，人们做完这个练习后会有两种不同的反应：不是备感骄傲，就是深感孤独。如果你做完练习后备感骄傲，你可能很快就会意识到自己的问题出在哪里：为了保持这种高高在上的感觉，你必须不断地寻找某些东西（特别是从伴侣那里寻找），不断确认自己是特别的。

　　如果你深感孤独，可能是因为你发现：（1）不管你有多特别，总有其他人比你更特别；（2）站在金字塔塔尖让你孑然一身，远离挚爱。因此，对特别感的追求会带来不安全感。

　　只要意识到对特别感的需求会让人越来越孤独，你眼前的迷雾就会被驱散。你会更有意识地与伴侣互动。你越能意识到自己的潜在动机，对特别感的需求就越少。反之，你会更渴望从自己的独特本质出发采取行动。同时，你也会大力支持自己的伴侣，让他充分展现自己的本质（包括天赋、创意、智慧等）。你对伴侣本性的赞赏和鼓励会进一步发挥作用，让你意识到有些东西比对特别感的需求更能让人满足——那就是你的独特性。

抱怨：直面内心的需求不足

你越是抱怨，就越会感觉微不足道。

"也许亲密关系还有另一个目的，跟追求特别感导致的痛苦没有关系，只是帮你们想起在觉得自己'不过是人'之前，你们的本质是什么。所以说，你们有两个选择：一是找出亲密关系的真正目的，二是对特别感的无尽追求。"

"弄清婚姻的真正目的能让我们的关系变好吗？"珍妮特问。

"照我看，反正也不会变得更糟了。"布拉德说，"我只是不知道我是不是愿意费那个力气。我只想要个爱我的妻子，有个幸福的家庭，继续过我的小日子。我觉得吧，追求特别感或者找出婚姻的目的，听起来都好麻烦。这两条路似乎都不值得我花力气。"

"哦！"珍妮特语带挑衅，"所以说，我和孩子们都不值得你花力气喽！"

"次次都这样。"布拉德直晃脑袋,"每次我对我们的关系发表意见,你就会把错统统推给我。"

"哼,你的'意见'听起来就像抱怨——就像你不开心全是我害的。"

"抱怨?你还敢说抱怨?那我们就来说说抱怨好了!"布拉德的嗓音突然变尖,皱起鼻子,开始模仿珍妮特和她说话的口气,"我们再也不出去玩了……你总是对着电脑……你从来不帮我哄孩子睡觉……你从来不听我说话……你总是记不得我的生日……"他模仿珍妮特的声音越来越低,最后变回了自己的声音,"这些鬼话我都来来回回听了好多年了!"

"你抱怨的也不比我少!"

"我?我抱怨什么了?"布拉德看起来大吃一惊。

"也许不是用嘴说的。很多时候,你只是离我远远的。你会坐在沙发上,或者躺在床上,噘着个嘴——就像个浑身上下都写满抱怨的废柴!"

"你不是说我不'肥(废)'吗?"

想让这小两口儿始终关注同一个话题,就像试图把十吨重的卡车开过结冰的高速公路。"他这么做的时候,你觉得他在抱怨什么?"我问。

珍妮特开始模仿布拉德的口气:

"你把我当小屁孩……你不信任我……你觉得我什么也做不了……你再也不想跟我亲热了……你不理解我的真实感受……你不信任我开车……你不明白我工作多努力……你从来不支持我的工作……"珍妮特停了下来,哈哈大笑,"男人真搞笑!他们还以为自己有多能装呢,其实一眼就能被看穿。"

"我运气还真不错啊,"布拉德嘀咕着,"娶的老婆竟然会读心术!"

"在婚姻中是无法隐藏肢体语言的,"我评论说,把他们引回原来的话题,"一旦期望没有得到满足,失望就会出现,抱怨就会增加。这都是因为你们需要归属感，需要觉得自己很重要，而且认为伴侣能为你们提供这些东西。"

"也许这就是为什么我一心扑在工作上，"布拉德猜测，"至少我觉得自己在那里能派上用场，能做出真正的贡献，别人会欣赏我。我感觉得到了认可，觉得自己很重要！但是回家以后，只要瞄一眼珍妮特的脸，就会看到上面写满失望。我的感觉跟上班的时候恰恰相反。"

"哦，所以说，你总是喜怒无常，刚进家门五分钟就冲孩子发脾气，都是我的错喽？"

"那我该有什么感觉？你根本不乐意见到我，从来不问我今天过得怎么样，只会把围裙扔过来，喊我去把菜切了。"

"你从来都不会去切——从来都不想帮我。"

"我累了！我工作了一整天！"

"我就不是啊？"珍妮特反唇相讥。

"嗯，但你只是做兼职——而且，你是在家里工作。"

"对啊，我有两份工作！你觉得是谁在照顾孩子，布拉德？你从来都意识不到这个。你从来都不会感谢我。"说到最后几个字的时候，珍妮特的声音哽咽了，泪水在眼眶里打转。

"你也从来都不会感谢我，所以我们俩扯平了！"布拉德往后一靠，双臂交叉，紧紧地抱在胸前。

我等了大约三十秒，然后向前探出身子，说："我想你们都意识到了，在过去几分钟里，你们一直在抱怨对方。你们注意到心脏附近的感觉了吗？或者往下一点点，在胃后面的太阳神经丛那里？"

"但我抱怨是有道理的！"珍妮特一口咬定，"他不知道我有多——"

"我懂，"我打断了她，"但让我们关注一下抱怨背后的感觉吧。"

"我没什么感觉,只是有点儿生气。"布拉德说。

我没有向布拉德解释愤怒是一种衍生性情绪,只是为了推开更深层、更难受的感受,而是鼓励他深入发掘:"把手搁在心口,搁上一会儿。你有没有感觉到什么?"

"可能是伤心吧……或者受伤。不,是别的,在这里。"他主动把手往下移,搁在肚皮上,"我只是感觉很糟糕,还有……还有……"

"微不足道,"手搁在太阳神经丛上的珍妮特接过话茬儿,"我感觉自己微不足道。"

"非常非常微不足道。"布拉德表示同意。我给他们提了一些建议,告诉他们在感觉微不足道的时候该怎么办。过了一会儿,他们做完了练习,变得平静多了,甚至扭头冲对方不好意思地微笑。

"抱怨有可能把你引向两个方向,"我解释说,"如果你沉迷其中,它就会强化你内心深处的微不足道感。如果你能意识到自己喜欢抱怨,在沉迷之前或在抱怨的时候及时发现,就能马上打住,直面自己潜在的感受。你抱怨伴侣的种种做法,其实并不是你不开心的根源。你觉得自己一无是处,相信自己微不足道,这才是你不开心的根源。"

****

话题#4:抱怨

如果你和伴侣总是相互抱怨,你在这段关系中就会有一定程度的不适感。抱怨就是表达对某人、某事没能满足你需求的不满。抱怨也可以被视为一种表白,宣布伴侣让你感到不舒服,而不是让你觉得开心。你也许觉得，让你开心是对方的首要职责。即使你没有说出口，或者试图掩饰，抱怨仍会是一股恶毒的力量，会强化你的软弱、依赖性甚至是受害者心态。与此同时，抱怨会阻止你的美好品质"浮出水面"。因此，你抱怨的对象并不会因此而改变。相反，你越是抱怨，情况就越难有所改观。

指导建议

首先，如果你抱怨过某种情形，你抱怨的是什么？请将下列句子补充完整，这可能会对你有所帮助：

- 我的伴侣没有给我_____。
- 我的伴侣对我_____。
- 我不喜欢伴侣总是_____。
- 我能看得出，伴侣在_____的时候不关注我的感受。

既然抱怨总是跟没有得到满足的需求息息相关，那么关注"是什么需求没有得到满足"就行了。这让事情变得简单多了，因为感觉有人爱、受重视、被接纳是人类的基本需求，你的抱怨一定跟"伴侣似乎没有给我什么"有关。从这个角度思考问题，再做一遍前面的练习，这一次重点关注没有得到满足的需求：

A. 我的伴侣没有给我_____。
B. 我的伴侣没有让我感觉到（在符合的选项后面打钩）有人爱____ 受重视____ 归属感____。

A．我的伴侣对我_____。

　　B．我的伴侣没有让我感觉到（在符合的选项后面打钩）有人爱____受重视____归属感____。

　　A．我不喜欢伴侣总是_____。

　　B．我的伴侣没有让我感觉到（在符合的选项后面打钩）有人爱____受重视____归属感____。

　　A．我能看得出，伴侣在_____的时候不关注我的感受。

　　B．我的伴侣没有让我感觉到（在符合的选项后面打钩）有人爱____受重视____归属感____。

当你关注这些需求的时候，请同时关注自己内心的抱怨。请注意，在抱怨的时候，你觉得自己有多么微不足道。这会引发易怒、怨恨、沮丧或悲伤。最重要的是，请注意它对你的身体有什么影响，它让你感觉多么虚弱、多么无力。抱怨就像旋涡，会把你吸进去，让你远离被人爱、受重视和归属感，而这些才是你真正想要的东西。想要逃离旋涡，就需要动用意志。你不需要压抑或否认抱怨，只需要勇敢地承认自己的需求，拒绝被旋涡吸进去。请注意，尽管只要是人都会有需求，但你的真实本性胜过任何需求。

怨恨：拒绝承认自我的存在

意识到你已经拥有自己想要的东西，"满足"的甜蜜会取代"怨恨"的苦涩。

"你抱怨伴侣的种种做法，其实并不是你不开心的根源。你觉得自己一无是处，相信自己微不足道，这才是你不开心的根源。"对他们说出这个结论后，我往后一靠，静静地等了两分钟。布拉德和珍妮特坐在各自的椅子上，垂着头。最后，珍妮特开口了。

"我觉得直接离婚、另找别人，似乎会更容易一点儿。"她直截了当地表示。

"你是说，跟他结婚之前，你从来都没抱怨过？"

"起码没这么多。我都没意识到自己一直在抱怨。每当我想到自己有这么多抱怨……就觉得没希望了。我是说，我们在一起十年了，抱怨也翻了好几番。要是抱怨是钞票的话，我们早成百万富翁了！"

"那是因为你没有意识到,你从小就在抱怨。如果你听见了自己的抱怨,就会意识到那有多幼稚。"

"好吧,如果你知道我是在什么样的家庭长大的,就会知道为什么了。"

"我可不是,"布拉德自信满满地说,"我妈把我像国王一样供着。她总是支持我、鼓励我、表扬我……她是世上最好的妈妈。"

"没错,那你爸呢?"珍妮特语带挑衅。

"他怎么了?他总在工作,老不在家。"

"他经常在家好不好?他只是不理你!他老是坐在椅子上看电视、翻报纸、喝啤酒!老天啊,那家伙真能喝!"

"对,但他不会打人、骂人。他从来没有像你爸一样打孩子或者骂骂咧咧!老天啊,那个家伙!就连混蛋也会觉得他是个混蛋!"

"你会这么说,不就是因为我第一次带你回家,他就追着你跑了好几个街区吗!他从来没打过我们——只是经常威胁说要打。再说了,这也不是他的错!他从战场上回来以后就变了个人。他不知道该怎么应付自己的愤怒。"

"但那还是挺痛苦的,不是吗?"我轻声对他们说,"也许你们会感觉有点儿怨恨,或者生气?"

"这话是什么意思?"布拉德厉声问,"我父母又没伤害过我——跟珍妮特可不一样。我没什么好气的。"

"那么,你觉得你是从婚后才开始抱怨的喽?"

"呃,不,但那又不是我父母的错!"

"你们的孩子会抱怨吗?"我问。

"随时随地!"他们异口同声地说道,然后相视而笑。

"但我敢打赌,你们全心全意地爱着他们。"

"我是的,"布拉德说,"但我不确定珍妮特也是。"珍妮特站起来,开玩笑似的捶了几下丈夫的肩膀。布拉德缩进椅子里,连声大喊:"家暴!家暴呀!"

等珍妮特坐回原位后,我接着往下说:

"我要问你一些事,你要尽量说实话。布拉德,对于父亲经常忽视你这件事,你有没有感到一丝丝怨恨?"

"才没有呢!"他脱口而出,或许有点儿太不假思索了。我什么也没说,只是不置可否地看着他。

"好吧,也许我还小的时候,有时候会有一点儿。比如,我打完棒球赛回到家,告诉他我三次成功上垒,他的眼睛都没离开过电视……我当然心里酸酸的。不过,后来我妈走进来,特别为我高兴。我就想——去他的吧!我才不需要他的认可呢!"他耸了耸肩,"我已经放下了,你懂吧?"

"那么,你结束一天的工作回家后,会想跟珍妮特说说吗?"

"我才不费这个事呢。"他立刻答道。

"因为?"我怂恿他继续说下去。

"因为她才不会在乎呢。"他嗓音尖厉。珍妮特想要回应,但我举起手制止了她。

"如果你回头想想刚才说的那句话,你会说话里藏着怨恨吗?"

"怨恨?我怎么知道?"我没有回应他的挑衅,只是静静地等待,"对,也许我是挺恨的!为什么不呢?她是我太太啊!她应该在乎我过得怎么样,在乎我为这个家做的一切。"

"就像你父亲也该在乎的那样?"我意识到咨询的时间快到了,另一位来访者正在门口等着，但这看起来像是绝佳时机，于是我决定等一等，不管要等多久。我能看得出，布拉德的内心在挣扎，他的防御机制与摆脱束缚的愿望在天人交战。几分钟后，挣扎结束了，他把怒气一股脑儿地释放了出来。

"我好恨那个老家伙！不管我做了什么，他从来都不会认可！他从来不表扬我、鼓励我……也从来没认可过我！他从来没陪我玩过。我朋友的老爸会跟他们玩摔跤、玩抛接球……看在老天的分儿上，还会去看他们那些该死的比赛！我妈呢？哦，对，她经常表扬我，但每次我感觉糟糕的时候，她只会让我别再那样了……她从来不会听我说话……从来不想知道我的真实感受……该死的！"他大声嚷嚷起来，"我好恨他们俩！"他双手抱头，陷入了深深的痛苦。沉默了几分钟后，我决定给他们布置一份家庭作业。

"我希望你们今天能各自列一份清单，列出你们想从父母那里得到，但从来没有得到过的东西。请自己列自己的，但写完后要跟对方分享一下。"

"接下来，我们该做什么？"珍妮特问。

"我们会在下次见面的时候好好聊聊。"

"嘿，你还真是直接，这就开始催我们约下次了呀？"布拉德说，但似乎并不是真的开玩笑。

他们下周又来了，带着各自的清单，脸上满是好奇。他们轮流念了自己的清单，第二个念清单的布拉德满怀期待地望着我。

"好极了！"我宣布，"谢谢你们付出的努力。现在，让我告诉你们，你们手里拿的是什么。那是一份相当完整的怨恨清单，里面是你们这辈子背负的怨恨。你们把这份怨恨带进了婚姻，通过吵架和抱怨向彼此表达恨意。"

"什么，所有这些？"布拉德疑惑地问，他看着自己的清单，皱起了眉头，"我从来没有因为珍妮特不来看我打棒球、不陪我钓鱼就发火呀。"他又看了看手里的清单，念了出来，"在我害怕的时候没有握住我的手……在我学游泳的时候没有耐心……没有辅导我做作业……我们的婚姻里从来没有出现这些事啊。"

"那些不过是细节。你得问问自己，你需要从父母那里得到什么，你觉得他们本该给你什么。如果你的父母去看了你的棒球比赛，他们本该会给你什么？"

"我也不知道，"布拉德回答，又看了一眼清单，"关注？支持？热情？"

"鼓励？"珍妮特插了一句。

"说得都对——你也许想从他们那里得到所有这些。不过，'鼓励'把所有的都囊括进去了。就像身体需要食物的滋养一样，鼓励是孩子必不可少的情感养料。如果你把刚才说的那几个词放进棒球比赛的句子里，再把同样的词放进你清单上的其他句子里，就能更准确地描述你的怨恨。"

"什么，你想让我们现在就做？"布拉德看了一眼时钟，"这不是浪费我们付钱的咨询时间吗？"

"我写好了！"珍妮特大声宣布，露出了胜利的微笑。我对布拉德说话的时候，她一直在奋笔疾书。

"高效小姐啊……"布拉德挫败地摇了摇头，"你知道，你有种天赋，总能把我比下去，让我看起来特差劲儿。"

"又不全是我的功劳——有一半功劳是你的。"

"布拉德，如果你想的话，可以回家再写你的清单。我们先看看你刚才提到的那几个词吧：你有没有因为珍妮特看起来不够专注、不够支持、不够热情，就感到怨恨或者恼火？或者说，你觉得在你需要的时候，她没有好好地鼓励你？"

"全中！"珍妮特帮他回答。

"你想知道一个秘密吗？"我身体前倾，压低了声音，"如果你在觉得需要这些东西的时候，能够审视内心，把这些东西给她，就不会再怨恨了。"

****

话题#5：怨恨

怨恨是一种苦涩的感觉。你觉得自己需要某样东西，别人却没有给你，就会对他心怀怨恨。例如，妈妈有一段时间没有给你你需要的赞赏，或者有很多次没有给你充分的关注，你也许就会感到失望，并得出结论——你不开心是因为妈妈没有给你这些东西。失望中蕴含的苦涩变成了越来越多的怨恨。这种怨恨反过来让你相信，自己不值得别人欣赏——因为你做得还不够好，或者没有取得巨大的成功。你一辈子都无意识地抱有这种怨恨，直到它在你的亲密关系中显现出来。你很容易认为自己没得到需要的赞赏，完全是伴侣的错。

让我们回头看看前面说过的：你也许会感到失望，并得出结论——你不开心是因为妈妈没有给你这些东西。

但你完全可以将你觉得需要的赞赏给予别人，因为它存在于你的本质之中！如果你把它给了别人，就会感受到自己内心的赞赏，而不需要从外人、外物那里获得赞赏。你没有意识到自己拥有"给予"的能力，所以才会向外界寻求赞赏、承认和认可。当你这么做的时候，给予爱、重视和归属感就成了妈妈的责任。只因为妈妈对你的赞赏不够，无法满足你的需求，你就一辈子心怀怨恨，直到带进目前的亲密关系中。每当伴侣没有给你足够的赞赏（通过认可、感谢、赞同、表扬等方式），昔日的怨恨就会再度浮现，你就会再一次把满足自己的需求视为别人的责任。你怀有的怨恨很有可能会加剧你内心的挫败感。你没有努力给予伴侣你觉得自己需要的东西，所以双方的隔阂才会越来越深。

从呱呱落地之日起，你就拥有给予的能力。你生来就具备必需的天赋，能够将其付诸实践。你来到人世间是为了给予，而不是获取。通常情况下，你怀有的怨恨与这种天赋息息相关，而这种天赋对你实现目标至关重要。小时候，你完全忘记了自己独具天赋。你越是认同自己身体的局限性，就越不会关注你能付出什么，而只关注你需要的东西，追求爱和安全感。你拒绝承认本质存在的关键，只认同自身需求。而越是认同自身需求，你就越不相信自己有价值，并能将这份价值给予你的伴侣——乃至全世界！

指导建议

以下练习要完全从感觉出发，所以你必须停止理性思考，相信自己的直觉。把自己想象成一到七岁之间的孩子，用脑海里蹦出的第一个词或短语，在纸上或脑子里将下列句子补充完整。

1. 妈妈，我最需要从你那里得到_____。（爱、欣赏、赞同、理解、接纳、表扬、鼓励……）

2. 我以为你能通过_____把它给我。（描述你希望她做的事或说的话。）

3. 没有从你那里得到它时，我感觉_____。

4. 这种感觉让我相信我是_____。

1. 爸爸，我最需要从你那里得到_____。

2. 我以为你能通过_____把它给我。

3. 没有从你那里得到它时，我感觉_____。

4. 这种感觉让我相信我是_____。

1. _____（兄弟、姐妹、亲戚），我最需要从你那里得到_____。

2. 我以为你能通过_____把它给我。

3. 没有从你那里得到它时，我感觉_____。

4. 这种感觉让我相信我是_____。

请记住，怨恨跟别人没有给你的"东西"无关，只跟没得到满足的情感需求有关，比如对接纳、欣赏、鼓励、支持、扶持、指导、正向强化、关注、认可、相信、信任的需求。

现在，你可以审视一下因为没能满足这些需求而导致的沮丧、失落或挫败感。

1. 由于这些需求没有得到满足，我一辈子从来没有做到或体验到_____。

2. 由于我把怨恨带进了目前的亲密关系中，每当伴侣不给我_____（接受、赞赏、表扬、赞同、鼓励、支持、扶持、指导、正向强化、关注、认可、相信、信任等）的时候，我就会满腹怨气。

接下来，通过实际接触或想象接触上述每个人，向他们道歉。因为，你要求从他们那里得到的东西，其实是你想给予他们的。解释你本该怎么做，却没有那么做。尽可能卸下心防。然后，把你认为需要从他们那里得到的东西给予他们。例如，如果你需要从名单上某个人那里得到赞赏，那就让对方知道你有多么欣赏他，并解释你为什么欣赏他。如果你因为从未得到某人的接纳而心怀怨恨，那就向对方展示你有多爱他的本来面目。如果你不仅是说出那些话，而且是深刻地体会这种给予，就会更受益。

• 妈妈，我一直希望你能给我_____。很抱歉没有把它给你，现在我想把它给你（闭上双眼，体会这份发自内心的馈赠。充分感受这份馈赠，享受给予的过程）。

• 爸爸，我一直希望你能给我_____。很抱歉没有把它给你，现在我想把它给你（闭上双眼，体会这份发自内心的馈赠。充分感受这份馈赠，享受给予的过程）。

• _____，我一直希望你能给我_____。很抱歉没有把它给你，现在我想把它给你（闭上双眼，体会这份发自内心的馈赠。充分感受这份馈赠，享受给予的过程）。

最后：

- 我的伴侣，我一直希望你能给我_____。很抱歉没有把它给你，现在我想把它给你。（闭上双眼，体会这份发自内心的馈赠。充分感受这份馈赠，享受给予的过程。）

你怀有多少怨恨，就做多少次练习。练习的次数越多，你越能意识到自己一辈子背负的重担，以及这些怨恨支撑的信念——那些信念会让你变得盲目，对自己的伟大、智慧、平静和永无止境的爱视而不见。

拒绝：远离痛苦，却进一步孤立自己

你不该感觉遭到拒绝，除非是你在拒绝对方。

"你想知道一个秘密吗？"我身体前倾，压低了声音，"如果你在觉得需要这些东西的时候，能够审视内心，把这些东西给她，就不会再怨恨了。"随后，我解释了怨恨的含义，然后交给他们一项任务。这项任务有助于他们消弭怨恨，不仅是对他们彼此，还有对他们过去怨恨的人。

"这真的很有用，大夫——"布拉德开口说道。

"我不是大夫。"我提醒他。

"随你怎么说吧。不管怎么样，这真的很有帮助，但我们又不能把你带回家，在怨气冒出来的时候及时提醒我们。况且，它总在我预料不到的时候突然冒出来，要么就是在我累得没力气应付的时候。"

"我可以提醒你呀，亲爱的。"珍妮特揶揄道。她侧过身子，轻轻掐了一把丈夫的胳膊。

"噢，对，那确实会很有用。"

"你刚才提到'突然冒出来'，能举个例子吗？"我问。

"当然可以了，等我想想看……哦，有了！两天前的晚上，我走进厨房，想告诉珍妮特，我手头做的项目有了大突破。我是电脑游戏设计师，有时候得给游戏写代码，这不是一件容易的事，尤其是当你——"

"信息太多了！"珍妮特用唱歌般的声音打断了他。

"她当时就是这么做的！我特别开心、激动极了，想跟她分享。接着，嘣！她一下子戳破了我开心的泡泡。"

"那你当时有什么感觉？"

"呃，我很生气。"

"是的，是的，"我轻声说，"但在表层的愤怒之下，你有什么感觉？"

"呃，我当然很受伤。我感觉遭到了拒绝。"

"遭到拒绝。"我不置可否地重复了一遍。

"对啊，被人家拒绝的时候，你会感觉很受伤，不是吗？"

"可是，布拉德，我当时刚洗好碗，你就兴冲冲地跑进来，说了一大堆我听不懂的电脑术语……我只是太累了，就是这样。"

"有好多事你都说太累了。"布拉德反唇相讥。

"哎哟！现在我感觉遭到了拒绝。"

"自作自受。"我说。

"什么？"他们异口同声地问道。

"拒绝是一种自作自受的伤害。没有人能拒绝你，拒绝是你加于自身的东西。"

"我还是第一次听见这个说法，"布拉德说，"我可没法相信——不是有意冒犯啊，大夫。"

"没关系——而且再说一遍，我不是大夫。根据我的经验，没有人能在感情方面伤害我。无论生活中出现了什么样的伤害，都是源于我需要从某人那里得到什么，却没法得到。你需要太太的热情支持，觉得自己是去找她分享好消息，但其实是想从她那里得到什么。当她没有给出你期望的赞扬和热情回应时，你感觉沮丧……泄气……气馁……甚至自觉一无是处。"

"呃，也不是一无是处啦，"布拉德自卫似的反击，"也许是不那么有价值吧。"

"不过，你还是感觉很受伤，对吧？说到底，你生气肯定不是因为开心。你之所以会感觉受伤，不是因为她拒绝了你，而是因为你的需求没得到满足。接着，你又反过来拒绝了她，试图把自己的痛苦推开。也许可以说，你把她从心里推了出去。每当我们对别人合上心扉时，孤独感就会愈加强烈。这是一种双重打击。"

"那我那个时候该怎么做？如果以后发生类似的事，我应该怎么做？"

"我不知道能不能说'应该'——我不大喜欢这个词，但你可以提升意识，意识到：（1）你觉得受伤，是因为你需要的东西没人能给你；（2）采取'拒绝'这种行为的人是你；（3）要么直面一无是处的感觉，并开始'走过程'，要么给予伴侣你认为她应该给你的东西。"

"你说的'走过程'是什么意思？"珍妮特问道。我带他们回顾了一下前几次咨询中向他们展示的步骤：意识到自己内心的不适感，进一步关注那种感觉的核心，直到不适渐渐化为平静。

"有简单点儿的方法吗？"布拉德微笑着问我。

"当然有！"我也冲他微微一笑，"有一种方法更简单——拒绝你太太。拒绝永远是最简单的选择，但简单的选择通常都不是最佳选择。"
****

话题 #6：拒绝

你的需求没有得到满足时，你会为此感到痛苦，对此的反应就是拒绝。为了不感觉痛苦，你必须通过某种方式拒绝它。然而，在拒绝痛苦的同时，你也在拒绝没有满足你需求的人。这么一来，你就能保护自己免受伤害。但此时此刻，你没有意识到，你只是进一步孤立了自己：不仅仅是远离周围的人，还远离了从内在出发满足需求的可能性。因此，在拒绝痛苦的同时，你也在拒绝自己。

拒绝是一种极其微妙的体验，具体过程是这样的：

• 你带着对受重视和归属感的需求进入一段亲密关系。

• 你期望伴侣能满足你的这些需求。

• 伴侣没能满足你的需求，没法让你感到满意。

• 需求没有得到满足，让你觉得很受伤，伤痛开始在心中浮现。你在没意识到的情况下做出了反应，通过压抑或避免关注它来拒绝痛苦。

• 你说服自己，你感觉到的拒绝来自你的伴侣（我需要某些东西，伴侣没有提供给我，所以说他拒绝了我）。

• 事实上，是你在拒绝你的伴侣。完全是因为你让伴侣承担了"满足我的需求"的责任。

你的伴侣无法拒绝你。他可以对你大骂脏话、说出最恶毒的诅咒，但只要你继续深爱并接纳他,你就不会感觉遭到了拒绝。只有当你不肯去爱的时候,才会感觉遭到了拒绝。

指导建议

你能否敞开心扉,认真思考上述关于拒绝的说法,接受"没人能导致你感觉遭到拒绝"?你能否好好地反思一下,你感觉遭到拒绝也许是因为你不肯去爱?如果你能做到的话,接下来请反省一下,你因为感觉受了伤害,在哪些方面开始发动攻击,疏远伴侣。拒绝可以是被动的(安静地退缩、回避),也可以是主动的(责备对方、咄咄逼人地谴责),但其实采取"拒绝"这种行为的人是你,所以你才会感觉遭到了拒绝。

接下来,如果你准备好了的话,请走近你的伴侣,承认你在哪些方面拒绝了他(如果你还没有为迈出这一步做好心理准备,也可以想象这么做,或者白纸黑字写下来)。下面的练习会对你有所帮助。你可以在心里想、用嘴说,也可以写在纸上。

1. 我的伴侣,我需要你帮我感觉到自己很重要。

2. 为了感觉自己有价值,我希望你_____(具体解释你希望他做什么事、说什么话)。

3. 当你没有满足我的需求时,我感觉自己_____(无足轻重、一无是处、没有人爱、没有人要等)。

4. 我会拒绝那种感觉,拒绝你,同时告诉自己,是你在拒绝我。但其实是我对你合上了心扉。

5. 我可能会继续无意识地这么做。不过,我会尽我所能,努力意识到自己的这种行为模式。因为我真的想爱你，想把你从"满足我的需求"的责任中解放出来。

承认是你在拒绝对方，这会让你意识到，将来伴侣无法满足你的需求时，你完全可以用除了"拒绝"之外的方式做出回应——比如说接受。当你接受伴侣无法满足你的需求时，你就接受了自己，转而凭借内在力量满足自身需求。

注意事项

你的伴侣有可能不够开明，无法接受你的坦白（你承认是自己在拒绝他）。如果是这样的话，请抵制住诱惑，不要对伴侣合上心扉。你可能会再次感觉遭到拒绝，但只有合上心扉，才会真正感到被拒。时刻敞开心扉，意识到你仍然爱着你的伴侣，不管他的反应是什么样的。

操纵：你的行为动机并非出自爱

当我们意识到伴侣不会提供我们需要的东西时，仍然会觉得他们明明就有那件东西——只需要骗他们交出来就行了！

"当然有！"我也冲他微微一笑，"有一种方法更简单——拒绝你太太。拒绝永远是最简单的选择，但简单的通常都不是最佳选择。"

"布拉德，我最难过的是，你忘了我有好多次都为你和你的成就高兴。"珍妮特说，"就算有时候我感觉不那么好，还是会为你高兴。"

"对，我看得出你是装的。"

"你才看不出呢，反正不是每次都看得出，"珍妮特说，"但有好多次我需要你的认可，你却没有给我。"

"你是怎么努力获得他的认可的？"我问她。

"哦，你懂的，就是平常那些事呗。我什么都试过了，梳妆打扮啦，给他买小礼物啦，买他最喜欢的电影光碟啦——"

"你敢相信不?"她丈夫接过话茬儿,"这都什么年代了,她还买DVD!"但珍妮特太专注于自己想说的话,思路完全没被丈夫打断。

"我试着做他最爱吃的菜,晚上给他做背部按摩……"她努力想例子,声音越来越小。

"我还以为你做那些事是因为爱我呢。"布拉德的语气有点儿受伤。

"没错!"她一口咬定,"但我想,我也希望你能为此感激我。"

"如果认可或感激迟迟没来,你会怎么做?"我问。

"呃,现在这种情况越来越多了。我想,只要能吸引他的注意,我就满足了。也许我会建议我们一起做点儿什么,要不就是抱怨几句……我也不知道……要么,找他吵一架?"最后几个字用的是猜测的语气。

"我就知道你是故意这么做的!"她丈夫大获全胜似的大声宣布。

"那你呢,布拉德?你为了感觉受重视,或者找到归属感,都做了些什么?"

"我试着吵赢她起头的架。"他仍然咬住太太刚才说的话不放。见太太没上钩,他只好接着往下说,"大多数时候,我只想一个人待着,但她总跟在我的屁股后头,喊我跟她一起做点儿什么,比如一起看电影啦,一起做饭啦。"

"要是我没这么做,你就会彻底消失。"珍妮特一脸责备。

"你确定?"我怀疑地问。

"对,他就是这么做的——他躲在家里的办公室里,直到我喊他出来吃晚饭,或者孩子们拖他出来陪他们玩。孩子们这么做的时候,他从来不抱怨,但如果是我这么做,他就会一脸不高兴,就像我是他的眼中钉、肉中刺似的。"

"珍妮特,那你一门心思忙着做某件事的时候呢?也许你会长时间陪孩子或者忙工作——你注意到他有什么变化吗？"

"没有，"布拉德在太太开口之前抢先作答，"那对我来说就像天堂一样，哈哈！"

"仔细想想的话，"珍妮特思忖着，"每次我不关注他的时候，他就会从'窝'里钻出来，问我有没有看见他的钥匙或者是平板电脑。要不然的话，他就会开始抱怨背疼，或者他可能要感冒、着凉了。这种时候，他才是那个想跟我一起看电影的人。"

"我从来没那么做过！"布拉德努力装出生气的模样，但脸上一直挂着笑。

"不是马上就那样，亲爱的，但如果我真的忙着工作或者孩子，你就会开始像蚊子一样围着我嗡嗡叫。"

"才没有呢！"

"你觉得她说得有点儿夸张？"我问布拉德。

"才不止一点儿呢。"布拉德一口咬定，"她真的特别忙的时候，我正好有机会陪陪孩子，或者在办公室多做点儿工作……或者类似的事。"

"如果她一直很忙，顾不上你呢？"

"噢，我的背啊！"珍妮特一只手撑在腰间，一只手扶着额头，模仿丈夫的样子，"噢，我的头啊！我想我要生病了……噢，我肚子好疼啊……"我和布拉德都被她绘声绘色的表演逗乐了。

"只有几次啦！"布拉德好脾气地提出抗议。

"每次我连续忙上好几天，你都会这么做。"珍妮特咬定不松口。然后，她转身对我说："他甚至会在上班的时候打电话给我，问一些明明可以回家再问的事——就像他有某种雷达，知道我什么时候完全没在想他。"

"你很想知道是怎么回事，对吧？"我反问，"我们都需要归属感，需要觉得受重视，这些需求驱使我们做各种各样的事，目的是得到别人的赞同、欣赏、认可、支持……起码是关注。"

****

话题 # 7：操纵

　　这个话题建议你审视自己为伴侣做的一些事背后的动机，关注你为满足自身需求采取的操纵形式。例如，"如果我把衣服洗了，也许伴侣会愿意跟我亲热"，或者"如果我特别生气，也许伴侣会做我想让他做的事"，又或者"如果我把伴侣伺候得好好的，也许他就不会再生气了"。你通常不会有意识地想这些，不过，你会采用成千上万种操纵方式，却没意识到促成这些行为的是自身的需求。

　　这些操纵行为的问题在于，它们不是源于你充满爱意的本性，而是源自你的需求。因此，如果伴侣确实被你的策略收服了，他可能会自觉或不自觉地意识到自己受了操纵。他的怒火可能会越烧越旺，因为他受了引诱或欺骗，成了牺牲品，而不是自觉、主动地去做的。这个话题建议你审视自己行为的源头，感受"为了获取而给予"与"源自爱意的给予"之间的区别。

指导建议

　　首先，你需要做一定的准备，因为你可能还没准备好公开承认自己在操纵伴侣。没有必要逼自己马上承认，相信自己会根据准备程度采取行动。你可以从将下列句子补充完整做起。（请记住，如果你听不见直觉的指引，那就大胆猜测吧。你可能会对它的准确性感到惊讶！）

1. 我有____%意识到我需要伴侣的认可。

2. 当对方不愿意给我认可的时候，我会试着通过____从他那里得到（在符合的选项后面打钩，可多选）：

　　a. 称赞他____

　　b. 故作风趣____

　　c. 为他做些事____，比如_____（请具体描述）

　　d. 给他买东西____，比如_____（请具体描述）

　　e. 故意发火____

　　f. 谈论我自己（我取得的成就、关注的事、人生哲学）____

　　g. 开始辩论（或争吵）____

　　h. 试着搞笑____

　　i. 提议上床亲热____

　　j. 其他（请具体描述）_____

选择你对伴侣的另一种需求，再次勾选你偏爱的操纵形式。尽可能多做几遍这个练习，每次针对你不同的需求。

1. 我有____%意识到我需要伴侣的_____（接受、欣赏、鼓励、支持、扶持、指导、正向强化、关注、信任等）。

2. 当他不愿意给我认可的时候，我会试着通过____从他那里得到（在符合的选项后面打钩，可多选）：

　　a. 称赞他____

b. 故作风趣____

c. 为他做些事____，比如_____（请具体描述）

d. 给他买东西____，比如_____（请具体描述）

e. 故意发火____

f. 谈论我自己（我取得的成就、关注的事、人生哲学）____

g. 开始辩论（或争吵）____

h. 试着搞笑____

i. 提议上床亲热____

j. 其他_____（请具体描述）

现在，将所有需求都归结为对受重视和归属感的基本需求。这两大需求通常被解释为"被爱"的需求。因为你已经被深爱着了，所以你就是爱意的化身。那么，操纵伴侣给你你已经拥有的东西，只会导致你否认自己的本性。

等你做好准备以后，就可以走近伴侣，坦白你采用了哪些行为试图从他那里获取某些东西。这么做，首先会帮你认清自己做哪些事是出于爱，而不是出于自身需求操纵对方。其次，这会让你的伴侣拥有清醒的意识。这么一来，你们就不太可能回到原有的行为模式了，而双方都不知道究竟发生了什么事。也许你内心深处藏着更微妙、更复杂的操纵形式，连你自己都还没意识到。这就是为什么需要持续观察自己的行为，同时问问自己："我这么做的动机是什么——是出于爱，还是出于需求？"

愤怒：引发对方的负罪感及其恐惧

大多数愤怒只是为了让别人产生负罪感。

"我们似乎总会惹对方生气，怎么也停不下来。"两个人坐下后，苏珊说道。这是他们第二次来找我咨询了。桑杰三十三岁，苏珊二十七岁。桑杰生在美国，但他的家人是印度移民。苏珊生在菲律宾，七岁时来到美国。他们没有正式结婚，但已经同居四年了。

"你觉得这是坏事？"我问。

"嗯，当然了！刚在一起的两三年，我们的关系很好——那两三年总共就吵过一架。但现在呢，我们就像要补上当时没吵的架，每隔两天就会大吵一架。我很爱桑杰，可是……"

"可是什么？"我鼓励她继续说下去。

"可是这种感觉真的很糟糕！"桑杰帮她补完了后半句，"我喝茶会喷喷响，她吃饭会吧唧嘴；我睡觉会打呼噜，她喜欢所有东西都干干净净、整整齐齐；她不喜欢我的朋友，我对她的家人没啥好感……"

"这是我们在一起以后，他话说得最多的一次。每次他有心事，就会一个字都不肯说。"

"相信我，我想说的话你绝对不想听。最好我还是什么也别说——总比出口伤人要好，就像……"

"你是说，就像我一样？"

"苏珊，你会不假思索地大发脾气吗？"我问道。

"我只是有感觉就说出来。"苏珊往后一靠，双臂抱胸。

"她这人很刻薄。"桑杰表示，然后陷入了沉默。

"那么，如果发生了什么事，把你们中的一个惹火了，另一个也会很生气。我理解得对不？"

"也不完全是。"苏珊纠正了我的说法，"有时候，我们中的一个会很生气，另一个就会进入防御模式，试图为自己辩护。最后，我们俩都会气冲冲的，这种状态会持续好几天。"

"我讨厌生气。"桑杰说。

"噢，难道我就喜欢？"

"你看起来似乎——你很容易发火。"

"哼，你的沉默塞满了整间屋子！"苏珊的嗓门越来越大。

"桑杰，那你生气是为了什么？"我问，"我不是问你为什么生气——你懂的，只是你陷入沉默是为了达到什么目的？"

"我也不知道，大概是想让她停下来吧。"

"你生气怎么能做到这个？"

"我没懂你的问题。我试着发出信号，表示她的做法让我觉得不舒服。比如，她总在打扫和消毒——那简直要把我逼疯了！刚开始，我会试着跟她开玩笑，你懂的，就是用风趣的方式告诉她，可是——"

"他说那是风趣，"苏珊火了，"我倒觉得明明是被动攻击！他'风趣'起来可会挖苦人了——他只是生气又不敢说，只会偷偷摸摸！"

"瞧瞧，我说了吧，她这人很刻薄。"桑杰对我说。

"我们先回到刚才的问题：你生气的目的是什么？"

"我说了呀，想让她停下来。"

"那么，生气是为了？"

"惩罚我！"苏珊厉声说道，双臂仍然紧紧地抱在胸前。桑杰低头盯着自己的膝盖，摇了摇头，陷入了沉默。"瞧见了吧？他总是这么做！我被抛在一边，感觉像是我做错了什么。"

"桑杰，这就是你的目的吗——让她产生负罪感？"他没有回答，于是我接着往下说，"也许还有其他的目的吧？"

"比如什么目的？"苏珊问，抱在胸前的双臂稍稍放松了一些。

"呃，如果一个人产生了负罪感，那他做的事就是错的，那么另一个人做的就是？"

"对的！"

"没错。另外，如果对方做的事是错的，那么生气的人觉得受伤或不舒服也是错的，所以拒绝这种感觉就是合情合理的。压抑、否认、逃离……随你怎么做，只要不用感觉不舒服就行。"

"我就知道，他试图用沉默来控制我！"苏珊大获全胜似的宣布。

"就像你试图用激烈指责来控制他，"我提醒她，"比如，让人心烦的事出现了，不适感开始在你意识中浮现。但在你意识到这种感觉之前，你体内的防御机制就会发出警报，告诉你自己受到了威胁。你会从外界寻找威胁来源，盯上伴侣的恼人行为。随后，你会激活自己的愤怒机制，试图：（1）迫使不适感消失；（2）控制你的伴侣，使对方的行为不至于引起你的不适。"

"我感觉我脏死了，"桑杰突然低声说，"每次她进入'清洁狂'模式后，我就会感觉自己像霉菌。她总是那么爱干净、爱整洁，让我觉得配不上她，觉得我就像一堆一无是处的垃圾。我感觉糟糕透了，不知该怎么办，只好……生闷气。"

"对于这种感觉，还有另一种反应，"我告诉他，"但它不像生气那么自然而然，也不像生气那么容易做到。"

****

话题 # 8：愤怒

人们通常会用以下三种方式表达愤怒：攻击、退缩和被动攻击。不管你用什么方式，目标都是一样的：

1. 让别人产生负罪感，从而控制他的行为。
2. 推开自己内心开始浮现的不适感。
3. 使自己处于有利位置（比如，正确的一方），从而远离不适感。

当伴侣的言行导致你烦躁不安时，你会利用愤怒让他做出改变。因此，如果能通过发怒引起对方的负罪感（以及随之而来的恐惧）而控制伴侣，你就能控制不适感，避免它在意识中浮现。最后，你通过假定自己是正确的一方，进一步远离不适感。假定自己是正确的一方，会让你感到特别骄傲，远离脆弱和伤痛。

然而，愤怒实际上对你有害无益，因为所有的伤痛和不适都跟你的信念息息相关。如果你忽视了不适感，那种信念会继续限制你，你却无法意识到这一点。每当感到烦躁或不适的时候，你都会做出强迫性的反应。你会继续跟伴侣保持距离，强化自己的孤独感。直到你决定直接应对自己靠愤怒来逃避的东西，一切才会有所改变。

指导建议

通过完成以下步骤，你可以逐渐提升意识，最终打破愤怒这种行为模式。

选择一件最近让你心烦意乱的事。

1. 当我的伴侣_____的时候（描述你的伴侣做了什么、没有做什么，或者说了什么，惹得你火冒三丈），我很容易生气。

2. 通过生气，我避免了_____的不适感。（为了简单起见，请在下列选项中挑一个）：

- 被人抛弃（感觉被人遗弃、孤独、被拒、寂寞、孤立、没人要等）
- 一无是处（没价值、不够好、没用、糟糕、没人爱、无足轻重等）
- 心碎（伤心欲绝、悲伤、气馁、失望、惨遭背叛等）

如果你也不清楚自己试图用愤怒压抑什么样的不适或痛苦，不妨听从直觉或想象的指引。

3. 我从_____岁开始，内心就一直怀有这种不适感。

4. 这种感觉与我相信我是_____紧密相连（答案只需要一两个字）。

5. 我的伴侣并没有通过他的行为给我造成这种不适，而是帮我意识到了这一点，也让我意识到了与此紧密相连的信念。

　　完成练习后，你可以因为自己发火向伴侣道歉，说明他有这种行为时，你的真实感受。这么做的目的不是改变伴侣的行为，而是视其为直面自身信念的机会。事实上，你可以请伴侣继续采取惹你生气的行为方式（只要不是不健康的行为或虐待就行），直到你能平静地面对旧日伤痛，看清这种信念背后的真相。

父母：亲密关系中的隐形负担

我们看不惯父母的做法，却注定要重蹈他们的覆辙。

"对于这种感觉，还有另一种反应，"我告诉他，"但它不像生气那么自然而然，也不像生气那么容易做到。"我向他们解释了愤怒是怎样被用作防御机制，避免感觉到内心深藏的痛苦和不适的。接下来，我指导他们做了一些练习，帮他们意识到这些不适感过去就有。他们走完所有步骤后，苏珊通过观察得出了结论：

"我开始意识到，桑杰生气的时候有多像他妈妈，我生气的时候有多像我爸爸。"

"我也想起了我妈妈，"桑杰的语气让我觉得这不是他头一次意识到这一点，"我想我生气时的表现是从她那里学来的。她总是一声不吭，我们还以为她是害怕老爸呢。但也许她只是很生气，就像我一样。苏珊很像我的老爸。他们都像随时可能爆发的火山！"他转身看着苏珊，"抱歉这么说，手下留情啊！"

"我们等着瞧吧。"苏珊瞪了他一眼，嘴角露出一丝微笑。

"你们可能听说过，我们进入一段亲密关系时会背负很多包袱。"我告诉他们，"与父母和兄弟姐妹没有解决的问题，甚至还有上学时的破事。我不知道是不是每个人都这样，但我有很多来访者都说，他们跟父母的关系似乎影响了他们跟伴侣的关系。如果说有'家庭影响'这回事，父母要负很大的责任。"

"在很多事情上，我一直没有原谅爸爸，"桑杰承认，"主要是他生气的时候对我做的事。"

"我讨厌妈妈一直对爸爸逆来顺受，"苏珊说，"从十六岁起，我就一直看不起她。我决定拿爸爸当榜样——我绝对不要变成妈妈那样。"

"你爸是个心理变态。"桑杰提醒她。

"所以呢？我妈神经过敏。你懂的，我选择有限。"

"这能解释很多事。"桑杰嘟囔着。苏珊捶了他肩膀一拳，他往后缩了一下。苏珊一脸怒气，这让我大为惊讶。

"在这里不允许任何人身攻击，"我轻声但严肃地提醒她，"我们回到你父母的话题上吧。"

"你觉得原谅父母会对我们的关系有帮助？"桑杰问。

"我关注的不是'原谅'。根据我的经验，提升意识更重要。比方说，意识到你为什么会说永远不会原谅你爸，或者苏珊为什么会不接受她妈。用批评或责备推开他们很容易，但要意识到行为动机，也就是内心的伤痛……呃，那就难多了。"

"他恐吓和批评我，让我感觉自己像垃圾……"桑杰面无表情地说，"还有，他对我成绩单上的'优'视而不见，只要一看到'良'就狠狠地揍我……这让我感觉自己很失败。"

"他这么对你的时候,你觉得他有什么感觉——他是愉快还是不愉快?"

"你是设套让我钻吗?他当然是不愉快啊。"

"他感觉到的是什么样的不愉快?"

"我怎么知道?"桑杰气急败坏。

"呃,发挥想象力,大胆猜猜看。他为成绩单上的'良'揍你的时候,你猜他可能觉得?"

"自己很失败,"他脱口而出,"不过,我也不确定——只是瞎猜的。"

"对你发脾气的时候,我也有这种感觉,"苏珊承认,"你总能让我感觉自己很失败。"

"哈!我妈也总让我爸感觉很失败。这就是我爸会火山爆发,对她动手的原因。我妈总是拿他跟他有钱的兄弟做比较。我终于知道我的被动攻击是从哪里学来的了。"

在苏珊开口之前,有好一阵子,大家都陷入了沉默。

"所以说,桑杰的妈妈觉得自己很失败,就拿丈夫出气。她丈夫觉得自己很失败,就拿妻子出气。我父母觉得自己很失败,就拿彼此出气……"她停下来喘了口气,"然后,他们又拿我们出气,让我们感觉自己很失败。我们又因为这个怪他们。现在,每当感觉失败的时候,我们就会拿彼此出气。但这一切是从谁开始的?失败的感觉是从哪里传下来的?"

"失败是一种信念,"我答道,"你相信自己是个失败者,与这种信念紧密相连的是感觉自己一无是处——或者说是微不足道,又或者说是无足轻重。每个人都有过这样的感受。这不是谁的错,人都这样。"

"那为什么我要原谅父母?"桑杰问。

"这是你的想法,我可没这么说。"

"没什么可原谅的!我父母只是……"他耸了耸肩。

"普通人罢了。"我帮他补完了后半句。

****

话题 # 9:父母

这个话题告诉你是时候审视与父母的关系,探讨它对你目前亲密关系的影响了。父母也许给了你很多值得感恩的东西——你获得的支持、引导和鼓励,还有从他们的人生经历中汲取的智慧。然而,你们的互动过程中也许存在一些不愉快的时刻,成了你目前亲密关系中的负担。

无论你选择什么样的伴侣,他最终都会让你想起自己的父母,这几乎是不可避免的。伴侣也许会抛给你某个眼神,或者说出某些伤人的话,跟父母对你的方式一模一样。或许,你会发现自己的做法正是父母让你看不惯的做法。如果上述任何一点导致你目前的亲密关系出现问题,就表明你过去对父母的不满正在渐渐浮现。如果你无意识地背负起这些不满,而不是从父母的"错误"中汲取经验,就会重复父母的做法。

指导建议 # 1

完全靠直觉,根据需要将下面的句子补充完整。如果你听不见直觉的指引，那就大胆猜测吧。你可能会对它的准确性感到惊讶！

1. 我爸生气的时候，会_____（例如，大吼大叫、发脾气、退避三舍、被动攻击等）。

2. 火冒三丈的时候，他可能感到_____（例如，受伤、一无是处、没有人爱、无助、无力、失败等）。

3. 我妈生气的时候，会_____。

4. 火冒三丈的时候，她可能感觉到_____。

5. 我生气的时候，表现得就像我的_____。

6. 我的伴侣生气的时候，表现得就像我的_____。

7. 我爸用_____（例如，逃避、指责、批评、疏远、争论等）来应对关系中出现的问题。

8. 我妈用_____来应对关系中出现的问题。

9. 发生冲突的时候，我表现得就像我的_____。

10. 发生冲突的时候，我的伴侣表现得就像我的_____。

这个练习的目的是帮你理解父母彼此的做法。你对他们的做法不满的时候，他们自己也很不开心，但不知道怎么直面自己的感受。你越能为自己的感受负责，越能直面自己的情绪，就越容易改变从父母那里继承的"习得行为"。

指导建议 # 2

现在，你可以审视内心依然存在的对父母的不满。

全身放松，坐在椅子上，闭上双眼。想象父母站在你面前，低头看着你。当你想到父亲或母亲的时候，注意自己感觉到的怨恨、责备、批评、拒绝、愤怒或冷漠。除了爱和感激，其他任何东西都会引导你走向"妄加批评"。

坚持一分钟，然后睁开眼睛，回答以下问题。相信自己的直觉或想象，而不是试着回忆到底发生了什么事：

1. 我和爸爸的关系中最难处理的地方是他_____（具体描述他的哪些做法或态度是你觉得最难处理的，或是处理起来感觉不舒服的）。

2. 这深深地影响了我，直到今天，我在亲密关系中还是不能_____。

3. 我和妈妈的关系中最难处理的地方是她_____（具体描述她的哪些做法或态度是你觉得最难处理的，或是处理起来感觉不舒服的）。

4. 这深深地影响了我，直到今天，我在亲密关系中还是不能_____。

5. 我爸这么做的时候，他可能感觉到_____。

6. 我妈这么做的时候，她可能感觉到_____。

作为"审判者"，你也许会试图说服自己，是父母的行为对你目前的亲密关系产生了负面影响。（"如果我妈是个更称职的母亲，我现在就会更自信，也会是更好的伴侣！"）但事实上，如果你不去批判他们，允许他们做真实的自己（考虑到当时的情况，他们已经尽力了），他们犯下的唯一"错误"就是，因为遭受了太多痛苦，有时候无法给你爱。如果你为此批评他们，就会不愿意付出爱，也就会变成你看不惯的那种人。

痛苦：双方爱意的交会之处

人生旅程中，痛苦是无从避免的，受苦则是可以选择的。

"大家结婚以后都像我们吵得这么凶吗？"珍妮特问。

"为什么这么问？"我反问。我已经好几个月没见到她和布拉德了，很想知道他们现在过得怎么样。

"我也不知道。只是觉得我们的关系比别人的都煎熬。我每次出门，看见别的小两口儿经过，他们看起来都比我和这家伙幸福。"她用大拇指指了指布拉德，但没有正眼看他。

"噢，我也爱你，亲爱的！"

"也许那些人看见你们俩的时候，心里也在想同样的事呢。"我说，"但话说回来，你们俩都是为什么吵架？"

"哦，也不多啦，"她一脸讥讽地说，"为了钱啦，孩子的教育啦，还有对性生活不满啦——"

"我们有性生活吗？"她丈夫忍不住插嘴，"老天啊，下次有的时候麻烦告诉我一声！"

"哦，还有吵他到底是风趣呢，还是纯粹是傻。"她说完，冲丈夫扮了个鬼脸。

"能具体说说吗？"

"好吧，就像他对我们性生活的评论——"

"嘿，是你先说'不满'的。"她丈夫反唇相讥。

"看起来你们对性生活的感觉都不怎么样啊。"

"我感觉糟透了，珍妮特则是什么感觉都没有。这是我们上次试着过性生活的时候，她亲口说的。"

"呃，我才不是呢！"珍妮特咬定不松口，"只是它变得好重复……好老套。"

"婚姻中的重大危机通常都是围绕金钱、孩子、性生活和双方父母展开的。"我告诉他们，"看起来你们四个里中了三个。"

"四个全中。"布拉德纠正了我的说法，"她父母到现在还是不喜欢我。每次我们吵架，她都会跑回娘家。他们都希望她离开我。"

"好吧，那我们就从性生活说起。你们为此吵架的时候，你在表层的愤怒之下有什么感觉？珍妮特，这次你先说。"

"被物化了。"

"好吧，作为一个被物化的人，你心里有什么感觉？"

"我感觉自己被利用了，就像我一点儿内在价值都没有。要是我没有这副好身材，他根本不会要我。我觉得自己没人要——对，就是这样！他不想要我，只想利用我的身体。我觉得自己没人要！"

"但我确实想要她啊！我干吗娶个我不想要的人？"

"等等，等等，"我轻声说，"麻烦先把这个问题说完。你和珍妮特为性生活吵架的时候，在愤怒的表层之下，还有什么不舒服的感觉？"

"我觉得自己一无是处。"

"哦，你觉得自己一无是处？"

"我觉得我只配赚钱、养孩子、丢垃圾，或者做类似的事，就像我是家里的仆人一样。"

"那么，你觉得自己一无是处。"我重复了一遍。

"对，这就是我想说的。"

"珍妮特，你觉得自己没人要。布拉德，你觉得自己一无是处。这些感觉你们以前有过吗？"

"我想有的。"珍妮特想了几秒钟后说道，"对，我自打记事起，就觉得自己没人要，而且一无是处。"

"我也是。"布拉德表示赞同。

"所以说，也许性生活既是机会，也是挑战。不好的一面是，它让你们只讨论表面上的问题。好的一面是，它提供了宝贵的机会，让你们能直面核心问题，直面那种痛苦——觉得自己一无是处、没有人爱。"

"这么做又有什么意义呢？"布拉德满腹狐疑。

"呃，只有做了才会知道。但说不定痛苦背后有东西在等着你，那是真正有价值的东西。"

****

话题 # 10：痛苦

据说佛祖发现，只有经历痛苦之后才能提升意识。他认为，痛苦会将人类从虚无的陷阱中解放出来。如果没有痛苦，人类永远不会意识到自己生活在虚无之中。然而，当人们处于极度痛苦的境地时，这一真知灼见并不能带给他们多少慰藉。

当两个人的关系中出现痛苦时，双方都只希望痛苦消失，有时甚至会为了消除痛苦而牺牲对方。拒绝痛苦和感知到痛苦之源（在这种情况下，感知到的痛苦之源是你的伴侣）是人类的正常反应。但在一段亲密关系中，痛苦实际上是双方爱意交会之处。出现痛苦就意味着你该朝伴侣迈出一步，向对方展现爱意，从而在情绪上走向成熟。如果你拒绝痛苦，就无法做到这一点。因为如果你拒绝痛苦，就将伴侣变成了敌人。

指导建议

如果你目前和伴侣关系不和，正在解决双方发生的冲突，可以通过以下练习澄清问题，让双方的关系重新变得融洽。如果目前没有发生冲突，请回想最近的一次冲突，根据过去或目前的情况完成下列步骤：

1. 在这次冲突中，你是否想过要逃离伴侣，或是向对方发起攻击（或被动攻击）？是_____否_____

2. 当你感觉不开心的时候，是否经常发现自己有这种反应？是_____否_____

3. 什么样的痛苦促使你这么做？_____（为了简单起见，你可以从下列词语中选择一项：一无是处、被人抛弃、遭到拒绝、没人要、气馁、负罪感、微不足道、无足轻重）。

4. 你过去有过这种感觉吗？

5. 这种不愉快的感觉存在于你身体的哪个部位？

6. 把手搁在这个部位，把痛苦想象成一种颜色，将注意力放在那种颜色的核心位置上。

7. 提醒自己，这种痛苦只是经过伪装的爱。伪装本身并不真实，只有爱才是真实的。

8. 现在，你有两个选择：（1）闭上双眼，让自己充分意识到痛苦；（2）给予你的伴侣爱和感激。痛苦将在接纳与感激中烟消云散。

怎么才能充分意识到痛苦？全身放松，想象痛苦是一股在你体内呼啸的巨大能量，然后想象自己仰面跌入旋涡。这不是建议你沉溺于痛苦，而是让你停止拒绝，把全部意识都交给它。

如果你跟伴侣发生争执，或是逃离对方，以这些方式来拒绝痛苦，你就会备受折磨。如果你否认自己的痛苦，痛苦就会持续下去，因为你会在伴侣身上看见它，对方会反过来把它投射给你。有一件事是可以肯定的：在能够直面、接受并意识到痛苦之前，你无法获得内心的平静。痛苦是有局限的，而不是无限的。当你将无限的意识投入其中，就能看穿它的局限，创造出"超脱痛苦"的奇迹。

自以为是：坚持对错只是你在自卫

"自以为是"的需求支撑着一切人际冲突。

"呃，只有做了才会知道。但说不定痛苦背后有东西在等着你，那是真正有价值的东西。"

"也就是说，如果我直面一无是处的感觉，走过你说的这些步骤，就能让我俩的性生活重回正轨？"布拉德问道。

"说实话，我也不知道，"我承认，"我做的这一行不是解决问题。"

"对，对，这个我知道。但从理论上说，这么做能不能帮我们的性生活重回正轨？"

"正轨是什么？"

"呃，你懂的，两个人刚在一起的时候，随时都恨不得扒光对方。我和珍妮特都等不及把衣服先扒了——有时候，我们整个周末都会赖在床上！"

"对，直到你开始把平板电脑带上床。"珍妮特提醒丈夫。

"那是因为你开始想要'歇一歇'了。突然之间,你总想多睡一会儿。"

"因为我怀孕了啊!然后,我们有了孩子!然后,钱的问题也冒出来了!抱歉,没法满足你的需要——我还有两个孩子要考虑呢!"

"我挣的钱够花了。"布拉德一口咬定。

"大部分都花在了你买的电子玩具上。"他妻子立刻反驳。

"瞎说!你才是那个把钱都花在孩子身上的人。你老是买他们从来不玩的玩具,还有他们根本不需要的衣服,只为了向公园里的其他妈妈炫耀。"

"那你呢?净买些傻了吧唧的视频,说是能开发他们的大脑——你只是想催眠他们,让他们坐在电视机前一动不动,这样你就不用照顾他们了!你拿那些玩意儿当电子保姆!"

"那些都是科学家设计的,能促进儿童的大脑发育,让他们在未来教育中先人一步。"布拉德还在嘴硬。

"科学家设计的,让他们对电视和电脑屏幕上瘾?你虽然不是什么运动天才,但也不意味着得在孩子上幼儿园前把他们变成书呆子啊!"

我清了清嗓子:"布拉德,珍妮特……"他们都停下来看着我,"辩论俱乐部每周六有聚会。如果你们想去那里继续辩论的话……"

"抱歉。"珍妮特好脾气地说。

"哦,对不起,大夫。"

"我不是大夫。"我再次提醒他。

"噢,对,呃,我也不是书呆子。"他嘴里嘀咕着。

"照你们的说法,你俩每周要吵几次?"

"太多次了,都数不过来。"珍妮特说。

"通常都吵什么?"

"你提到的四点：性生活、金钱、孩子和双方父母。"布拉德说。

"除了这些，你们还会吵什么？"

"没有什么是我们不吵的！"珍妮特大声说，"来这里的路上，我们还在吵走哪条路最好。昨天，我们为了怎么看甜瓜熟没熟大吵了一架。简直糟透了。不管说到什么事，我俩都看不对眼。"

"也没那么糟啦！"布拉德提出反对。

"瞧见我说的了吧？"

"那两周前呢？——那时，你们在吵什么？"我问。

"两周前？"布拉德似乎吃了一惊，"谁还记得那么久以前的事啊？"

"你们俩吵架了吗？"

"嗯，我敢肯定，我们为什么事吵了一架。"

"你们为什么吵的架？"我不依不饶。

"嗯……让我想想……你还记得吗，珍妮特？"

"依我看，它们都融进了一场漫长的争吵——我也不记得具体细节了。"

"你的意思是，细节不重要？"我问。

"呃，它们在当时很重要，不然我们也不会吵得那么凶。"

"怎么看甜瓜熟没熟——这种事有那么重要吗，重要到必须大吵一架？"我问。珍妮特哈哈大笑，布拉德也不好意思地笑了。

"听你这么一说，还真是好傻。"

"在外人听来，吵架都很傻。"

"每次我和布拉德吵起来，女儿都会冲我们翻白眼，说：'他们又来了。'两个孩子都会用手堵住耳朵。"

"说实话，你觉得你们到底在吵什么呢？"我接着问。

"我也不知道。"她承认,"我们似乎是在故意惹对方发火。有时候,我们还没回过神来,就开始吵是谁忘记关车库门了。"

"是你。"布拉德的语气充满责备,"你是最后一个开车的。"

"我关了的!"珍妮特一口咬定,"你扔垃圾的时候又开了门。"

"后来你又——"

"伙计们,伙计们!"我打断了他们,"你们吵够了没?你们首先要知道一件事,对很多伴侣来说,吵架就像赌博上瘾的家伙玩轮盘赌——这是一种难以拒绝的强迫行为。也就意味着这么做是无意识的。除非你们对自己的强迫行为增强意识,否则会难以自拔。"我暂停片刻,让他们认真思考,然后换了个说法,"吵架是一种强迫行为,包含三个特点:一是拒绝出现的不适感,二是争夺权力和控制权,三是需要。最后这一点让你们关注争吵的细节,让细节看起来特别特别重要。与此同时,你们的防御机制在争夺控制权,试图控制自己的不适感——还有那个似乎导致你觉得不舒服的人。"

"但如果吵架是无意识的强迫行为,我们怎么才能消灭它?"布拉德问。

"你可以想想,有没有什么比'自以为是'更重要。"

"比如什么呢?"

"我个人比较喜欢说'真相',但既然你们来这里是做亲密关系咨询的,我就大胆一点儿说,关系融洽更重要——那是真正的融洽,而不是妥协。或者说是幸福——真正的幸福,内心的平静。如果你们想要实在一点儿的,那做孩子们的榜样怎么样?他们在观察你们做每件事,那为什么不做他们的好榜样,向他们展示什么是开诚布公的沟通,而不是只为自己着想,只在乎自己是不是对的?"

****

话题 # 11：自以为是

这个话题表明，当你试图证明伴侣是错的时候，你和他的感情就会渐渐疏远。"证明伴侣是错的"这种欲望是由你内心深处昔日的痛苦和负罪感触发的。两个人在一起久了，自然而然会体验到更深刻的感受。这些感受中有很多是伤痛，但那只是人类经历的一部分。人们误认为自己会受伤害，肯定是因为做错了什么。因此，通常会有负罪感伴随这种不适产生。当旧日的伤痛浮现时，你会通过让伴侣产生负罪感来保护自己，免得自己产生负罪感。因为每当我们产生负罪感时，就会出于本能地认为自己会受到惩罚。"我永远是对的"是你的自尊给负罪感开的解药。当你认为"我永远是对的"最重要的时候，就会发现，你不但需要证明伴侣是错的，而且自己也不开心。通过证明伴侣是错的，你就在捍卫自己"正确立场"的同时制造出了敌人和战场，同时彻底排除了建立融洽关系的可能性。既然如此，你只希望证明自己是对的吗？还是说，你更希望和伴侣相处融洽？

无论感性或理性如何支持你持有的立场，你希望"我永远是对的"的唯一理由就是自卫，免得暴露自己的弱点。但如果你回避自己的弱点，就永远不会有机会面对它，也就没法看到它背后隐藏的神奇力量。

指导建议

想想你和伴侣最近爆发的一次冲突，回答以下问题：
- 你是否投入了大量精力证明自己是对的、伴侣是错的？

是____否____

• 当对方不同意你的观点时，你是否更加火冒三丈？

是____否____

• 你是否承认自己错了并道歉，试图操纵对方承认是他错了，或是阻止双方继续吵下去？

是____否____

• 如果你承认自己只是在自卫，你会有什么感觉？

羞耻或尴尬____悲伤____负罪感（感觉糟糕）____

脆弱____无力____无助____其他____

如果你抵制住了"自以为是"的诱惑，卸下了心防，就能感觉到自己的弱点，充分意识到它，最终找到内心的平静、喜乐和爱——这些才是你真正的本性。

坚持"我是对的"不需要勇气，只需要固执和恐惧。请冒险一试吧。向伴侣承认你只是在自卫，承认你把"我是对的"看得比真相更重要。

注意事项

你的伴侣可能不会立刻放弃自己的立场，这也许会导致你退回"自以为是"的安全状态。你的任务是直面并看穿自己的痛苦和负罪感，而不是改变你的伴侣。关键在于，你是想坚持自己是对的，还是想找到幸福。

依附：找回真正的自由

所有痛苦都源于依附，所有依附都源于需求。

"你还记得吗？上次我们来的时候，聊到了我们的父母。"两个人刚刚坐下，苏珊就问我。

"当然记得。"我回答。那是几个月前的事了，但他们来之前，我刚浏览过上次做的笔记。

"他提到，我就像随时可能爆发的火山，你还记得吗？"

"记得——就像你爸爸，只是没那么厉害。"

"对。呃，我想，真正的问题在于我体内的火山。它总是盯着桑杰。我是说，我工作的时候非常冷静，也很有耐心。我跟每个人都处得不错，通常也挺开朗的。但是一回到家，我的关注点就全放在了他身上。我觉得我追着他满屋子转，只希望他能注意我。如果他没有这么做，我就会火山大爆发。我就会像个两岁大的小屁孩，冲别人乱发脾气。"

"这种情况一点儿也不少见。"我安慰她说。

"没错,但他跟我不一样。他一心扑在他的爱好上,或者上上网,看起来挺开心的。他不需要关注我——似乎也不想关注我。"

"很有可能他也在关注你,就像你在关注他一样,只是从外表看起来不一样。"

"不是所有恋爱关系都是这样吗?"桑杰问道。

"我不喜欢说得那么绝对,桑杰,因为每段关系都有与众不同的地方。不过,在我遇到过的恋爱关系中,人们的做法有一些共性,其中之一就是会出现情绪融合。我是生命教练,不是心理学家,也不是精神病学家,所以只能用外行人的方式解释一下。情绪融合发生在伴侣对彼此的特殊需求越来越多的时候。苏珊,你有你的朋友和同事,希望你在他们眼中很特别。但桑杰代表了你更深层的需求——就像他能触及你内心最深的地方,你长大后再也没有碰过的地方。所以,你自然会用一种近乎原始的方式做出反应。"

"是很原始。"桑杰发表评论,"相信我,她就像个真正的野蛮人!"

"但为什么桑杰没对我野蛮点儿?"

"我是印度人,又不是野蛮人。"

"是英国殖民统治下的印度——至少你可以像中世纪的人那么野蛮吧。"

"你们可以把亲密关系看成是单一有机体,由两个不平衡的独立有机体融合而成。它们在寻找平衡,同时相互映照,就像阴和阳。"

"你的意思是,夫妻是对立的?"

"从表面上看似乎是的。也许他看起来更独立,你看起来更依赖。也许他看起来更积极,你看起来更消极——也可能恰恰相反。有成百上千种不同的模式，夫妻双方看起来就像两个极端。这让你们有很多东西可吵。但如果两个人不是彼此依附，是不可能出现情绪融合的。而只有你希望对方满足自己最基本的需求时，依附才可能出现。苏珊，你公开表达这种需求，比如提出要求、引起关注、大发脾气，而桑杰更冷静，也更保守，也许可以说是冷淡。不过，不要被表象迷惑了，桑杰也有同样的需求——只要你学会抛开自己的需求，就会看得清清楚楚。"

"这个说法真有意思，"苏珊想了几秒钟后说道，"在我们处得很好，出去玩或者聊天的时候，我总爱捶桑杰的肩膀或胸口。他跟我开玩笑，我就打他。出于某种原因，我从几周前就不这么做了。结果有一天，他走过来对我说——"

"你不爱我了吗？"桑杰替她补完了后半句，两个人都笑了起来。

"特殊关系就等于特殊需求。为了在彼此眼中显得特别，你们必须通过需求进行情绪融合。当依附被误认为是爱的时候，婚姻就变成了牢笼。"

****

话题 # 12：依附

因为亲密关系通常都源于需求，所以你和伴侣会彼此依附，这是可以理解的。如果你觉得口渴，某个压水泵是解渴的最佳方式，你肯定会紧紧地抓住手柄！即使拼命压水也只能流出几滴，你还是会一直紧紧地攥住它不放。

随着你们越来越依附对方，你会越来越容易受伴侣说的话、做的事或没做的事的影响，因为对方的言行暗示着你的需求能否得到满足。伴侣也会对你的一言一行有所反应，只不过具体做法可能跟你不一样。

请记住，任何人、任何事都不能阻止你获得自由和幸福。牢记这一点可能会对你有所帮助。不是说你不应该依附。你像其他所有人一样需要受重视和归属感，相信这一点可以通过外物——也就是通过某个人、某件东西或世界上发生的某件事来实现。如果需求没有得到满足，你仍然会坚持原有的信念，相信可以从外界获得满足感，紧紧地依附自己假定的满足感来源。最终，这只会导致更多的失望和痛苦。

只要你依附某人、某物，就会有不安全感。需求本身倏忽无常、难以预测，你会不知不觉间便受到了它的影响。只要是人，都会对某人、某地、某物形成依附，但摆脱这种依附也是一种人类体验，因为你从本质上来说是灵性的存在，生来就是自由的。只有当你摆脱依附，才能"找回"真正的自由。

指导建议

下面列举了一系列在亲密关系中形成的依附。看看你能不能从中认出自己紧抓不放的东西。为了简单起见，你只需要在下面的两个句子里挑一个，用提供的词语将句子补充完整。

句子1："我喜欢从伴侣那里得到_____。"

| 积极关注 | 定期亲热 | 赞赏 |
| 共度美好时光 | 外表的吸引力 | 尊重 |

认可我的贡献	同情	理解
积极强化	赞美	

句子2:"我喜欢伴侣_____。"

记住特殊纪念日	守时	保持身材容貌
表示他想要(爱)我	不出意料	给我惊喜
提供良好的生活方式	强大	总是站在我这边
可靠	温柔	欣赏我

其他_____

现在,请坐下来,按照以下步骤操作:

1. 选择你最希望应对的依附。

2. 在脑海中构建一幅图景,想象在受到依附影响、试着满足自身需要时,你看起来是什么样子。想象你站在自己面前。

3. 关注你的眼神和肢体语言,关注你的需求和恐惧或不安全感。请注意,在感受到依附时,你并不开心。事实上,从某种程度上说,你正在忍受煎熬。

4. 现在,想象一下你摆脱了那种依附。尽可能具体地想象你脸上的表情和眼中的平静、喜乐。

5. 这个更"真实的自我"会怎么和伴侣展开互动?

6. 现在,想象一下这个"你"转过身去,然后坐回你的位置,完全融入你体内。

这个练习是为了开启一个过程。在这个过程中,当依附影响到你的感受和对伴侣的看法时,你更能清晰地意识到这一点。当你继续平静地意识到这种依附，意识到构成它的恐惧和需求时，它最终将失去对你的控制。

　　就个人来说，你无法抛开或摆脱依附，但你的意识可以照亮它们——那束光亮是虚假事物难以承受的。随着意识的不断提升，依附会减弱乃至消失。

第二阶段：幻灭

探析在亲密关系幻灭阶段出现的权力斗争、沟通障碍和正反极端的成因。

对亲密关系中的冲突和障碍做出有益回应。

寻求帮助：认清问题背后的内心感受

迷路的时候，掏出指南针永远是个好主意。

"特殊关系就等于特殊需求。为了在彼此眼中显得特别，你们必须通过需求进行情绪融合。当依附被误认为是爱的时候，婚姻就变成了牢笼。"

"对于你说的这些，我有两个问题。"苏珊说，"首先，我们只是普通人，不是圣人，不是天使，也不是其他类似的玩意儿。你不能指望我们抛开所有的需求和依附。其次，我和桑杰真的很感激你指导我们走完整个过程，但在日常生活中，也就是真正的问题突然冒出来的时候，你又不在场，你怎么能指望我们完全靠自己冲破牢笼呢？"

"首先，我不指望你们做任何事。"我向她保证，"我知道你们会竭尽全力，根据自己的智慧和情绪成熟度做到最好。如果你们不尽力，是不可能做到的。其次，你们并不只是人。不管你们在进入这个身体前是什么……我也不知道你们会怎么称呼自己，但它绝不是人。你们的亲密关系可以成为帮助你们意识到自己'不仅仅是人'的重要资源。"

"可是，"苏珊还在坚持，"我还是希望你能跟我们一起住一个月，指导我们走过这个阶段——也就是推我们一把，你懂的。"

"我们的公寓太小了，苏。"桑杰插了一句。

"这引出了我想说的第三点。"我说，"如果我们能觉察到自己内心拥有的海量资源，就不会觉得需要老师、咨询师或教练的持续指导了。事实上，我们不需要任何人的指导。"

"我这里明白，"苏珊指了指自己的脑袋，"但似乎就是找不到它。我每天晚上都会祈祷，祈祷自己能拥有智慧，洞悉一切。但第二天早上醒过来，我还是像头一天一样又瞎又傻！"

"这就像你左手拿着汉堡包，右手却伸出去向人乞讨。"我说，"或者是拿着素食汉堡。"我补了一句，因为桑杰是素食人士。

"瞧见了吗？我需要你告诉我们这些。"苏珊还在坚持。

"真正对你有帮助的是弄清'寻求帮助'意味着什么。"我回答。

"那它到底意味着什么呢？"

"首先，'寻求'这个词相当微妙。它往往跟'需求'这个概念交织在一起，意味着你感觉自己不完整，必须向外界乞求什么。这对人来说是很正常的，因为人本身就是不完整的。作为一个人，我们需要食物、温暖和庇护所等。但就像我前面说的那样，如果我们不是人，而只是寄居在人体内呢？那我们是什么？这只是打个比方——我不是想引起哲学讨论。

"我是说，如果你觉得自己是——我讨厌这个说法——一个拥有人类体验的灵性存在，那么当你需要日常指导时，只需要召唤自己原本就有的智慧即可。"

"你的意思是，向我自己祈祷？"苏珊问。

"我的意思是，召唤你的自我。"我解释说，"在我看来，这才是'寻求帮助'的真正含义。"

****

话题 # 13：寻求帮助

这个话题指向你感觉在亲密关系中缺失的某个方面。你已经试过所有能想到的方式，但就是找不到冲破障碍的方法。不过，这会帮你意识到，解决问题的方法存乎于心，你只是没有朝正确的方向寻找真正的指导源泉。也许你通常会靠理智寻找解决方案，但这受到"我是谁""我是什么"这些念头的限制。当涉及感情问题的时候，智力、理性和逻辑都无法解决位于你一切信念核心的非理性情绪。因此，理智会使问题变得比实际上更错综复杂，同时让你相信自己比实际上更渺小、卑微！

理智还会让你专注于搜寻（有时是疯狂地搜寻）某些事去"做"，同时让你相信自己本该早就想出解决方案了。由于你还是不知该怎么办，最终只会感到既沮丧又困惑。这时候，你就会向某些神秘力量寻求帮助。然而，试图靠智力寻找解决方案，或者召唤某种外界力量，实际上切断了你与自己内在更高深、更睿智的存在之间的联系，那就是你的本质。你的本质要比你聪明得多。如果你习惯了通过直觉和常识思考问题，它就会带你度过艰难时期。

指导建议

尽管从理智上看这么说似乎有点儿荒谬，但"什么也不做"也许能成为你摆脱当下困境的关键。直觉是这样发挥作用的：

1．认清问题所在，弄清它让你的内心有何感受。

2．向你的本质寻求帮助，不管你是用什么词称呼它的。

3．下定决心，在你意识到明确前进方向之前，什么也不做、什么也不说，直到你停止试图解决问题，停止寻找指导，停止试图倾听自己的直觉。

4．尽可能放松。不要专注于问题本身，花点儿时间做个冥想，或者干脆专注于呼吸。开开心心地散个步，做点儿有创意的事，锻炼身体、练瑜伽、打太极、跳跳舞。找点儿乐子吧！

5．当头脑试图把你拽回问题本身时，再次把注意力放在自己的本质上，听从它的指引。你也可以对自己说："在你告诉我该说什么之前，我什么也不会说。在你指明下一步该怎么走之前，我什么也不会做。"

6．抛开你的头脑对问题的痴迷，通过放松和信任让自己变得开放、包容，随时乐于接纳意见。为了能听见自己内心微弱的低语，你只需要做这个准备就够了。将自己置于善意的指导之下。一旦你准备好了接受自己敞开心扉等待的帮助，该说的话、该做的事自然而然就会浮现。

此外，你也可以这么想：不管你选择哪条路走，都会发现外界在强化这条路。如果你迈向恐惧，外面的世界看起来就会构成威胁。但如果你迈向真正的幸福，外面的世界就会支持这种体验。因此，真正的"寻求帮助"就是愿意发现已经存在的帮助！

两极：你本性的另一面

只有一个电极的电池根本没法用。只从一个角度看待生活的人，无论是从积极角度还是消极角度，都是盲目的。

"那为什么不做他们的好榜样，向他们展示什么是开诚布公的沟通，而不是只为自己着想，只在乎自己是不是对的？"布拉德和珍妮特去夏威夷度了三个星期的假，这是他们出发前我对他们说的最后一句话。然而，布拉德这次的开场白让我觉得上一次咨询似乎就发生在昨天。

"好吧，你想让我开诚布公地说出我的问题吗？"布拉德问我。

"就是我嘛，对吧？我就是你的问题！"珍妮特插嘴。

"对！啊，不对！我是说，我的问题是你总是闷闷不乐！"

"我才不是呢！"

"跟我在一起的时候，你就是的。"他转身看着我，但我示意他直接对妻子说，于是他换了个姿势，面对妻子，"你不是情绪低落、满口抱怨，就是大发脾气，说我这不好、那不好。似乎什么事都值得你小题大做一番。有时候，我只想让你放轻松点儿。你是我认识的唯一一个到了夏威夷还不开心的人！"

"那你呢，白日梦先生？你总是无视我们身边发生的事！每次我想说说我的感受，你总是那么理智，那么理性！"

"我知道你的感受！你总在说你的感受：那么糟糕……那么绝望……你为什么总是那么悲观？"

"为什么你总是那么傲慢？就像你高人一等似的！似乎没有我，你会过得更好、更开心。就像你总是阳光普照，我总是阴雨连绵。我不只是感觉糟糕！我的感觉比这多多了！"

"我说的是糟糕又绝望——又不只是糟糕。"布拉德纠正她。珍妮特沮丧地尖叫起来。虽然办公室的四堵墙和天花板都装了隔音设备，但我确信周围办公室的人都能听到这声尖叫。不过，我心想：没关系，他们早就习惯了。

"你看起来挺得意的嘛，布拉德。"我指出。

"我？没有啊。"

"你脸上带着笑呢。"

"那是因为他喜欢我像这样失控——就好像他证明了自己的观点，赢了这场辩论。"

"我相信你会记在心里，以后会让他付出代价的。"

"说得没错！"珍妮特也露出了微笑。布拉德脸上闪过一丝担忧，就像乌云飘过，遮住了太阳。

"那么，布拉德，你觉得珍妮特总是不开心。珍妮特，你认为布拉德是个盲目的乐天派。我说得对吗？"

"除了我们吵架的时候。"珍妮特点点头。

"除了她逼我跟她吵的时候。我告诉你啊,她真懂得怎么毁掉我的好心情。"

"她在家里通常都是这样吗?"

"就像我刚才说的,她要么满口抱怨,要么说三道四。她的生活就像一场闹剧。"

"总是这样?"我皱起眉头,满腹狐疑地问。

"不,不是总这样。她跟孩子们处得很好——"

"对她说。"我朝珍妮特的方向抬了抬下巴,建议他这么做。

"你跟孩子们处得很好,珍妮特。他们找不到比你更好的妈妈了——你陪他们玩得很开心。我相信,你在'闺密之夜'跟朋友出去玩的时候,肯定是派对的焦点。但跟我在一起……"

"说实话,最近的'闺密之夜'都不怎么好玩。"她承认,"大多数时候,我们只是坐在那儿聊男友或丈夫。"

"聊天?"我问。

"对啊。呃,主要是抱怨……"

"那么,你觉得你们的婚姻出问题了。"我怂恿她继续往下说。

"这就是我们为什么会来这儿,不是吗?"珍妮特说。

"我可不觉得,"布拉德表示反对,"我觉得我们的婚姻很美满,只是你总是不开心。我肯定是原因之一,但我真的不知道我哪方面做得这么差,让你这么不开心。不管怎么样,我都想帮帮你,让你感觉好起来。"我突然意识到布拉德的态度是被动攻击,决定在珍妮特被他的屈尊俯就惹到发飙之前尽早干预。

"你们俩是两个极端,"我说,"至少看起来是这样。珍妮特,听起来你特别消极，布拉德特别积极。"

"这还不明显吗！"布拉德嘴里嘀咕。

"珍妮特，你作为消极的一方，更能意识到自己的不适和不满。你把它看成是自己的问题——觉得自己有什么地方出了问题，然后把它投射到了婚姻中。于是，在你看来，是婚姻出了问题。布拉德作为积极的一方，拒绝接受自己的不适感，否认自己或婚姻存在任何问题。好吧，也许他觉得有一个问题，那就是你。在他看来，如果你能开心点儿，一切都会好起来——在他眼中，这就意味着加入他的行列，跟他一起处于'乐观否认'的状态。"

"我才没有否认呢！"布拉德立刻反驳。

"真的吗？"我冲他微微一笑，"你前几次咨询一直在抱怨自己的婚姻，但几分钟前，你又说你觉得婚姻美满。在我听起来，这很像是否认哟。"

"而你呢，珍妮特，"我继续说道，"你希望他看到问题是真实存在的，希望他能直面你说的'现实'。现在的实际情况是，有些旧日伤痛开始浮现——"

"噢，别又是那套老调重弹！"布拉德疲惫不堪地插了一句。

"迈向情绪成年的机会通常会以旧日伤痛的形式出现。这在你们两个人身上都出现了。但消极的一方会首先意识到，并做出消极反应——这么做是错的。积极一方的反应则是努力摆脱不适感，试图用'乐观否认'掩饰它的存在。这么一来，他就能说服自己，是态度消极的伴侣有问题，而不是自己有问题。顺便说一句，这种情况可以持续好多年——甚至是一辈子！"

"我才不要下半辈子也这么过呢！"珍妮特说，"我宁可离婚。"

"我也是。"布拉德表示赞同。

"这是一种选择。另一种选择是利用这个机会，迈向情绪成年。你们觉得你们的孩子会喜欢什么样的父母？"

"我们怎么才能迈向情绪成年呢？"布拉德问。

"你们可以从把自己想象成电池做起。"

****

话题 # 14：两极

面对突然冒出的问题，处于亲密关系中的两个人往往会选择极端的观点。问题出现的时候，焦虑感或烦躁感也会随之而来。这个时候，你们中的一个人会选择"积极"的观点，希望立刻找出解决方案，否认问题的严重性，避免感到不适，甚至可能根本意识不到不愉快的感觉。积极的一方喜欢类似这样的格言：凡事不要小题大做；别去关注它，它就会消失；明天早上一切都会好起来；每天我都会越来越好。

作为积极的一方，你会认为伴侣总爱小题大做，夸大实际问题，甚至相信唯一的问题就是伴侣本人。

如果你扮演的是"消极"伴侣的角色，你就会审视问题的每个细节，沉湎于随之浮现的负面情绪。你会老想着情况有多糟糕，认为问题难以解决，因此陷入沮丧，甚至不知所措。你觉得毫无希望、没有出路，你的"积极"伴侣提出的解决方案不是不够好，就是会引发其他问题。

就这样，你们一个人选择否认、疏离、逃避，另一个人则沉湎其中、夸大问题、纠结不安，亲密关系中出现了显而易见的紧张局面。这是两种看问题的方式相互作用导致的。

"积极"与"消极"不是亲密关系中仅有的两个极端。除此之外，还有"内向"与"外向"、"思想者"与"感受者"、"抽象"与"逻辑"、"依赖"与"独立"。跟你相反的极端也是你本性的一个方面，只是你为了取得单一认同而舍弃了它。只要你愿意设身处地地为对方着想，从对方的角度理解他的世界观，就能体验到更深刻的亲密感。这能消除导致许多关系陷入泥沼的隔阂感，甚至是敌意。

当你再也看不到对方的价值时，亲密关系中就会出现隔阂。当你意识到对方的观点只是自己的另一种看法时，情况就会出现美妙的转变。

指导建议

从下面的词语中，找出你和伴侣经常发生冲突的领域。用从 1 到 10 这十个数字打分，表明冲突可以变得多激烈，10 分表示最激烈。

性爱_____ 孩子_____ 金钱_____ 父母_____

家务分配_____ 个人习惯_____ 外貌_____

亲密接触_____ 社交行为_____ 卫生_____

根据下面的标准，在每个数字旁边写出你倾向于持何种态度，是积极的（用 P 表示）还是消极的（用 N 表示）。

积极　　　　　　　　　　　　**消极**
理性　　　　　　　　　　　　　情绪化

忽略自己的感受	深陷自己的感受
理智（逻辑）	感受（直觉）
否认担忧	夸大担忧
缩小重要性	放大重要性
"乐观主义"	"现实主义"

尽管"积极"的一方看起来似乎是更理想的选择，但实际情况是，双方携手合作，找出中间路线，才能对冲突或问题做出最恰当的回应。如果你愿意让伴侣做你的老师，就能重新找回自己缺失的部分，也能更清晰地看见自己完整的本性。

如果你想体会这种融合，请认真审视你的伴侣看待事物的方式，就像你是个学习理解生活新方式的学生。向伴侣提出一些问题，弄清楚对方的观点和内心感受。这么做的关键在于敞开心扉，乐于学习，从而拓展你的理解能力，找回你缺失的部分。

不要掉进陷阱，误认为只有一个观点是正确的——只有在两个极端相互融合的过程中，你才能体验到真正美妙而亲密的"联结"。如果你是积极的一方，会从了解消极伴侣的感受中获益。你可以回忆起自己有同样感受的时刻，重新召唤出自己内心同样的感受。如果你是消极的一方，这有助于你放松下来，乐观地看待目前的情况。当你毫不抗拒地倾听伴侣分享观点时，你的观点就会渐渐与对方的观点融合，进而消除你们的隔阂。这种隔阂状态其实才是问题的根源。

权力斗争（沟通）：开诚布公，卸下心防

在权力斗争中，每个人都是失败者。

在咨询过程中，苏珊和桑杰展现出了一种行为模式。桑杰会进入封闭状态，拒绝开口，这反过来会刺激苏珊大声攻击、批评他。今天，引发这种行为模式的是家务事上的分歧。

"苏珊，"我尽可能温和而坚定地打断了她，"你真的认为把手伸进兔子洞，试图抓住兔子的耳朵，就能让兔子乖乖从洞里出来吗？最后的结果很可能是被兔子咬伤。"

"呃，那我还能怎么做？"她问道，嗓音还是相当尖厉。

"说出你的真实感受，这么做可能会有帮助。"

"我一直在告诉他我的感受啊！我总是告诉他，沟通是相互的，但他只会逃跑，钻进他的壳里——就像现在这样。"

"在我看来，他现在说得挺多的，"我边说边观察桑杰的肢体语言，

"在亲密关系中,沟通始终在进行,即使你们俩都没有开口。"

"噢,她总是说个不停,"桑杰气呼呼地说,"总是告诉我哪里做错了,要不就是我该怎么做。"

"胡说!我只是叫他别拿擦马桶的海绵清理洗脸池!"

"我擦完马桶以后马上就洗干净了,女王陛下!"

"你怎么知道把所有细菌都洗掉了?你这白痴!"她激动起来,准备开始长篇大论。桑杰显然又准备逃跑了。于是,我迅速打断他们,高举双手,引起他们的关注。

"如果你们乐意的话,我们可以试试别的沟通方式——也许可以用更……"我努力寻找合适的词语,"更有效的方式。如果你们想要各执一词、坚持自己是对的的话,吼叫和逃避也许是有效的沟通方式。但权力斗争永远不会带来让人满意的结果——它的目的是自卫和控制对方,而不是敞开心扉,建立更深层的联系。"

"哼,至少我说出来了!"苏珊咆哮着,咄咄逼人地抱起了双臂。

"进入权力斗争很容易,难的是开诚布公、卸下心防、交流感受。"

"我一直在告诉他我的感受!"她固执地一口咬定。

"真的吗?你有没有想过,你可能正深陷情绪困扰,希望他对你的不适或痛苦负责?"

"我听着像是。"桑杰嘟囔着,仍然气呼呼的。

"桑杰呢,"我转身看着他,继续说道,"有没有可能你也在做同样的事,只是你在用肢体语言静静地传递信息?"他再次陷入了封闭状态,一脸愤慨。这时,苏珊开口了。

"情绪和感受有什么区别?"她问道,显然经过了一番深思。

"所谓的'消极'情绪是一种反应。当我们意识到自己脆弱的一面时，就会试图表达、释放、推开或压抑产生的不适感。愤怒是最容易识别的消极情绪。除此之外，还有悲伤、焦虑、负罪感……也许还有恐慌——"

"那感受呢？"

"感受会比较安静一些——从某种程度上说，它是静态的。孤独、无力、嫉妒、空虚、无足轻重……脆弱感可能是由十五到二十种人类核心的感受构成的。"

"就没有积极的感受或者积极的情绪吗？"

"当然有啊，但它们不是权力斗争背后的东西。权力斗争才是我们现在要处理的问题。我们就拿擦马桶的海绵为例吧。请别打岔，我知道这个故事，也知道你们各自的立场，不需要再听一遍了。你们只需要简单地回答：桑杰，如果要描述你对这件事的感受，你会说感觉自己被抛弃了吗？还是说一无是处？痛苦心碎？——我的意思是，特别失望？"

"一无是处。"他想了几秒钟后低声说。

"那你呢，苏珊？"

"特别失望，觉得我一无是处。"她立刻回答。

"你觉得哪种感觉更强烈？"

"呃，有时候是失望，但现在是觉得我一无是处。"

"那么，当你觉得自己一无是处的时候，会通过愤怒向桑杰发动攻击。桑杰，当你觉得自己一无是处的时候，会逃避并在身边竖起愤怒的盾牌。然后，你们会展开权力斗争——顺便说一句，权力斗争就是两个人的自卫行为。"

"你这么说是什么意思？我们应该停止生气？"苏珊略带挑衅地问道。

"我觉得这不现实。等你们厌倦了愤怒和权力斗争这种无聊的行为模式后，也许可以试着负责任地表达自己的不适感——不要抱怨，也不要设防。"

"那听起来才不现实呢！"

"不，"我向她保证，"只是真的很难做到，但是真的很值得。"

****

话题 # 15：权力斗争（沟通）

这个话题关注的是亲密关系中你越来越不赞同伴侣言行的那个阶段。这个阶段被称为"权力斗争"。在这个阶段，人们倾向于逃避或与伴侣争斗，试图改变对方，因为对方的行为让自己感到不适。其实，这种不适感是因为旧日伤痛重新浮现，你无意中进入了童年时期形成的自卫模式。

当你还是孩子的时候，对受重视和归属感的需求没有得到满足，因此体验到了失望的痛苦——那是沮丧和挫败、一无是处、被人抛弃的混合体。为了战胜痛苦、满足需求，你采用了"吸引关注"的做法，试图逼迫父母满足自己的需求。当"吸引关注"没有成功时，你觉得自己无足轻重，遭到拒绝的痛苦会愈加强烈。于是，你进入了权力斗争，将愤怒作为主要武器。不久之后，你的愤怒（以逃避、攻击或被动攻击的形式表现出来）会变得自然而然，让你忘了引发这种反应的其实是内心的沮丧。

昔日的痛苦经历塑造了你的核心信念——这是人类体验的一部分。为了弄清楚自己到底是谁，你必须直面这些信念，意识到它们在阻碍你了解自己的本质。通过权力斗争，你的伴侣帮你意识到了这些尚未释然的痛苦，以及在痛苦体验中形成的信念，这些信念会对你造成限制。

沟通是安然度过权力斗争的有效方式。通过开诚布公的沟通，你可以让隐藏的痛苦重新浮现，用同情、理解、接纳的态度看待它们。然而，你如果选择与伴侣开战，就不但抛弃了直面并转化痛苦的机会，而且还会增添新的痛苦和负罪感。现在，是时候放弃权力斗争，交流问题背后真正的痛苦所在了。

指导建议

你可以通过坦率地回答以下问题，坦然地接受自己目前的情绪成熟度，开启真正的沟通过程。

1. 你有多愿意致力于找出和平解决的方案，获得内心平静，与伴侣更加亲密，又有多愿意自卫自保，免得面对自己的痛苦？

有____%愿意追求和平

有____%愿意自卫自保

2. 你有多愿意敞开心扉，将伴侣视为帮你意识到内心旧伤的人，又有多愿意将伴侣视为自己受伤的原因？

有____%愿意将伴侣视为助力

有____%愿意将伴侣视为自己不适感的成因

3. 你有多愿意直白、坦率地说出这种伤害，不妄加评判，也不做分析，又有多愿意分析自己的感受及其来源，而不是真正地表达这些感受？

有____%愿意直接表达感受

有____%愿意分析情况或编故事描述感受

上述问题的答案会提示你如何为展开真正有效的沟通做准备。如果你处于准备初期，不妨先写下自己想要的沟通方式，而不是马上找伴侣交流。不管你选择哪种方式，以下是一些基本步骤：

1．通过表达感受，识别自己的不适感。只需要简单地表达目前的情况让你有什么感觉。你可以先表达自己最初感觉到的情绪，比如："我的伴侣，当你说出这些话的时候，我感觉很恼火，然后变得很愤怒。我想，我是对自己最初感觉到的东西做出了自卫。在表层的愤怒之下，我意识到我感觉到____。"（请注意，不要说"我感觉像是____"或者"我觉得就像____"。这种表述会让你无法直接体验并表达真实的感受，例如，没有人爱、无足轻重、遭到拒绝、绝望、无力、气馁、恐惧等。）

2．当你开始体会到这种感觉时，回想自己过去的经历——你是从谁那里第一次体会到这种感觉的，这种感觉强化了你什么样的信念。

3．向伴侣保证，你感到痛苦不是他的错，因为你长期或是一直都背负着这种痛苦。

4．一旦识别出了那种感觉，也消弭了所有的责难，你就可以慢慢来，把注意力全放在它上面。通过表达自己的不适感，而不是责怪伴侣，你就让伴侣有机会站在你这边——前提是对方选择这么做。

5．向伴侣表示感谢，告诉对方他使你的生活得到了多大的改善。

当你对这个过程负全责的时候，你的伴侣也可能说出目前情况带给他的痛苦。你会惊讶地发现，随着痛苦程度层层加深，你们其实有着同样的体验，只是以为对方根本没感觉到罢了。

不过，你的伴侣有可能不会以你想要的方式做出回应，也可能需要长时间保持愤怒，藏在他的防御机制后面寻找安全感。如果你期望伴侣以特定的方式做出回应，很有可能会大失所望。

以上五点概括了开启沟通过程的基本态度。有意识地沟通的关键在于说出无可辩驳的真相。如果你对伴侣说出了会加剧权力斗争的话，你感兴趣的就不是说出真相，而是坚持用最简单的方式表达感受，确保你没有暗示自己的痛苦是伴侣的错。那些不适感不是别人带给你的——它们一直深藏于你的体内！说出无可辩驳的真相，关注自己的感受并为此负全责，就能消除亲密关系中的任何敌对状态。

昔日的依附：与过去平静地挥手告别

如果你没能心平气和地放下过去的事，你就根本没有放下。

"我想离婚！"小两口儿还没来得及坐下，苏珊就大声宣布。

"好吧……"我说，"可我不是离婚律师，况且你们根本就没结婚。"

"我不是开玩笑！我可不想在这段关系里永远排第二位。"

"那第一位是谁？"我问，扭头看着她的另一半。显然，桑杰已经逃回了自己的"沉默地带"。

"他所有前女友，还有他老妈！"

"可以具体说说吗？"

"我们做了你布置的作业，彼此交流了感受。前几次都挺好的——不是特别好，但也够好了。可以看得出，如果我们能敞开心扉，更信任彼此，情况会更好。于是，我让他对我更坦诚一点儿。"

"哎哟。"我脱口而出。

"怎么了？"苏珊问，"你不觉得坦诚在亲密关系里很重要吗？"

"嗯，我是这么觉得的。但一方会怎么应对另一方的坦诚，取决于双方的情绪成熟度。随着我们渐渐走向情绪成年，坦诚会自然而然地滋长。我们大多数人离情绪成年还差得远，所以离能够应对彻底的坦诚也差得远。"

"你说的'我们'也包括你在内吗？"

"当然包括。有时候，坦诚可以是助人成长的工具，只要这件工具被有意识地使用就行。有时候，它也可以用于操纵别人或让人进入权力斗争。"

"呃，我试着用坦诚帮助我们成长。我问他最想念前任的哪些方面，可他不想告诉我。我一直缠着他问，他一直保持沉默。最后，他终于开口了。"泪水在她眼眶里打转，"突然之间，原本啥也不说的他在接下来的十分钟里都没停嘴。直到我冲他尖叫，说我再也不想听下去了。然后，我跑进卧室大哭了一场。"

"这么说来，你说了前任不少好话？"我问桑杰。

"我遇见苏珊以前，只谈过三次恋爱。"桑杰低声说，一直垂着眼帘，"最长的一次有两年。我真的很喜欢她们，但没法维持长期关系。"

"我想我该感到荣幸喽？"苏珊嗤之以鼻，"那你老妈呢？"

"我喜欢我妈又有什么问题？她一直陪在我身边，就连我青春期表现最糟糕的时候也是。她很有爱心，会安慰人，又会耐心地听我说……"

"你知道他告诉我什么了吗？他每天上班的时候都会给他妈打电话。他们每天都煲电话粥！懂我的意思吗？他每天都跟她说话！但还不止这个呢！他那三个前任，他在 Facebook 上跟她们都是好友！他还跟她们保持联系呢！就像他背着我出了轨。我觉得……被背叛了！"

"那又不是出轨。我只是觉得跟她们相处很舒服，她们只是朋友而已。更何况,我只跟其中的两个人是 Facebook 好友。"

"你就没有欣赏的前任吗?"我问苏珊。

"有,但那是过去。现在,我又没跟他们保持联系。"

"那你一点儿都不想他们吗?他们有哪些方面是你很喜欢,但在现在这段关系里是找不到的?"

"没有。"她一口咬定。

"噢,胡说!"桑杰大声说,"你知道的,家里的墙薄得很。"

"你这话什么意思?"我问。

"我听见她跟老同学兼闺密用 Skype[1] 聊天,"桑杰一脸谴责地盯着苏珊,"说起她的前任们床上功夫有多好。他们多么自信,多会变着花样来。"

"你听到了?"苏珊的脸涨得通红,"你不该……"

"我猜,她在遇到我之前睡过'真正的男子汉'。"桑杰继续盯着地板,拒绝看他的另一半。

"对,他们的床上功夫棒极了。这难道是我的错吗?"苏珊追问,"你从来没听我说过,他们有些人多混蛋,有时候多冷漠。其中有一个特别刻薄,在感情上深深地伤害了我,就像我爸一样。"

"对啊,你也不知道我的前任们糟糕的一面——你从来没问过我那方面。"桑杰立刻反唇相讥。

"也就是说,过去的幽灵跑回来影响你们的感情了。"我微微一笑,说出了结论,"也许在你们的感情之旅中,是时候处理这些未尽事宜了。"

****

---

1 Skype:一款即时通信软件。

话题 # 16：昔日的依附

请想一想，你目前关系中的某些障碍，可能是由过去关系中尚未消失的依附引起的。每一段亲密关系中都有美好的时刻，也有糟糕的阶段，就连家人之间也不例外。如果你在愤怒或痛苦中结束了一段关系，就可能把消极体验带入下一段关系，并始终保持警惕，防止类似的情况再出现。

不过，过去的关系中也有积极体验。你在目前的关系中得不到那些体验，因为它们与你的前任息息相关。例如，你的前任可能床上功夫过人，但同时脾气火暴，深深地伤害了你。你选择离开他，是因为随着时间的流逝，他的坏脾气变得越来越伤人。然而，你仍然想念他带来的美好性爱。因此，你会坚持要找的下一任必须特别温柔，脾气温和。不过，你拒绝在情感上跟对方走得太近，所以这段关系中并没有火一样的激情。就这样，你把对前任的消极和积极依附带进了现有的关系。请意识到，昔日的依附也许意味着你已经准备好平静地向其挥手作别，这样才能充分享受现有关系中的点点滴滴。

指导建议

为了将昔日的依附一笔勾销，请完成以下步骤：

1. 开列一份清单，列出人生每段关系中对你最重要、影响最大的人。每个名字后面留出四行或五行空白，因为你要给每个人添加其他信息。为了让这个练习更有效果，至少要加入你父母中的一方，或者对你来说类似父母的人。

2. 在每个名字下方，写下他们给你的重要馈赠。这些馈赠丰富了你的人生，即使你在当时并没有意识到它们的价值。

3. 接下来，写下你跟那个人在一起的时候最痛苦的经历。

4. 在痛苦后面的横线上，具体描述它给你上的一课，以及它是如何助你成长的。如果你想不出痛苦教会了你什么，那就听从直觉的指引。如果你听不见直觉的指引，那就大胆猜测吧。

你的清单可以包括以下内容：

姓名：_____（重要人物的姓名）

给我的馈赠：_____

给我的痛苦：_____

给我上的课（痛苦经历让我学到了什么）：

_____

5. 意识到，过去的事会成为负担，除非我们靠爱和感恩将它们彻底放下。"放下"的关键是感恩。

6. 闭上眼睛，全身放松。想象你列出的每个重要人物站在你身边。再想象一下，你身上发生的每件事都是你独特人生体验的一部分，目的是帮你提升理解能力和情绪（以及灵性）成熟度。感谢他们给你上的每一堂课，感谢他们教会你爱和忠于自我。向他们承认，不管你在什么时候感觉受伤，都是因为你自己的需求和期望。如果你不是受自身需求驱动，对方就不可能伤害到你。

7. 想象自己收下每一段关系给予的馈赠和教导，将它们深深地埋在心底，让它们成为你的一部分。感受馈赠融入你的内心，进入你的每个细胞。你可能不喜欢教导呈现的方式，但通过平静地接受，你就能慢慢敞开心扉，接受更多的教导。当你诚心诚意地接受每个人给予的馈赠和教导时，想象那些人渐渐融化或消失，只留下平静、圆满的感觉。

8. 现在，你可以放下过去，为目前这段关系能带给你的东西留出空间了。想象你的伴侣站在你面前。他给了你什么样的馈赠，给你上了什么样的课？你愿意敞开心扉，接受那些馈赠和教导了吗？

习惯与模式：列出创意生活清单

> 习惯会让你一辈子原地打转。

从表面上看，伊玲和贾森是两个极端。伊玲小巧玲珑，身材苗条；贾森人高马大，体格健壮。伊玲出生在中国一个富裕的七口之家，是四姐妹中的老大，家人还包括父母和祖母。她从小就跟着家人四海为家，待在同一个城市、同一个国家不会超过两年，可以流利地说四门语言。她打扮得体、腰板挺直地坐在椅子上，看起来非常警觉，认真倾听大家说的每句话。她说话直截了当，用词精准。贾森是个园艺师。他是家里的独子，家里祖祖辈辈都是蓝领工人，一辈子都住在同一个地方——如今，他仍然住在同一个街区。他说话慢条斯理，说话的时候喜欢盯着天花板，边说边捋自己乱蓬蓬的胡须。他身穿格子衬衫，只有一部分塞进了牛仔裤的裤腰，衬衫缺了好几颗纽扣，肚皮露了出来。两个人是七年前结的婚。

"我们的婚姻越来越像我父母的婚姻了。"伊玲解释说。

"为什么这么说?"我追问道。

"细节上不大一样,但相处方式很像。看着他们相处,就像一遍遍看同一集电视剧。现在,我和贾森看起来也是这样。"

"贾森,你也这么觉得吗?"

"呃……"他沉默了好一会儿才开口,手指抚过长长的红胡子,"我想……有点儿类似吧。"

"我下班回到家,"伊玲继续说,"他通常在做晚饭——他比我早回家。他准备晚饭的时候,我正好去洗澡。吃饭的时候,我们没什么好说的,因为……呃,我想大概把该说的话题都说完了吧。饭后,我们一起洗碗,去附近散步——总是同样的路线,还是没几句话可说——除非是他点评别人家的院子。回家以后,我们会想想一起看什么电影或电视剧。但我最近意识到一点:看电视的时候,我们都拿着手机。我登着微信,跟朋友和家人保持联系,他要么上维基百科查东西,要么查体育比赛的比分。所以说,我们只是三心二意地待在一起——只有一半的注意力放在看电视上。后来,我又意识到,吃晚饭的时候,我们也开始带手机上桌,边吃饭边收短信、接电话。直到这个时候,我才发现自己的婚姻让我想起了父母的婚姻,还有他们之间的关系。"

"那周末呢?"我问她。

"他大部分时间都待在车库里,摆弄他的园艺工具。我通常会出去买东西,或者打扫房间,或者……坐在电脑前。我们有时候会一起出去拜访共同的朋友,但最后总会变成:他和他的朋友在一个房间里聊体育比赛或是别的玩意儿,我和我的朋友在另一个房间里聊工作或是我们的熟人。每件事都一成不变。"她的最后一句话带着几分沮丧,或者说是挫败感。

"你还有什么要补充的吗？"我问贾森。他懒散地摊在椅子上，跷着二郎腿，仰面盯着天花板。他坐下后就一直保持这个姿势没变。

"听起来……"他停顿了好一会儿，"……差不多吧。你懂的，工具需要保养。"又是长长的停顿，"再说了，我喜欢体育比赛。"

"别误会我的话，"伊玲接过话茬儿，"我们的婚姻生活很平静。我也知道，我们很在乎彼此。我们七年里只大吵过三四次。"看到那个男人如此悠游自在，看起来都要融化进椅子里了，我很好奇，他们所谓的"大吵"会是什么样的。"可以说，我们待在一起很安逸，"伊玲接着说，"只是，呃……也许有点儿太安逸了。"

"安逸也可以变成坐牢。"我承认。

"呃，我也不知道……"贾森拖长腔调，慢条斯理地说，"如果要我说，你懂的，完全就是坐牢。"我和伊玲都俯身向前，等他接着往下说，"也不是坐牢啦，不过，呃……"他捋着胡子，大概又过了十秒，"对。也许就是坐牢。"

****

话题 #17：习惯与模式

你可能会在某一时刻发现，就像几乎所有的夫妻一样，你和伴侣在亲密关系中的某些方面陷入了极其安全、一成不变的模式。你会意识到，新奇感和兴奋感已经消失殆尽，你们陷入了安逸的日常模式。这会给你们的关系带来一种"平静"的感觉。你可能找到了避开让人不舒服的感受、话题或争论的方法，比如做一些例行活动，让双方没有机会直面问题。但问题的作用是让双方意识到这段关系下一步该怎么走，这样你们才能走得更近。模式和习惯让你们的相处陷入了泥沼。它们偷走了亲密关系中的激情和随性，正在慢慢地扼杀你们的关系。

指导建议

开列一份清单，写出十种对伴侣表达感激之情的方式。它们可以是你没有做过的事，也可以是你以前做过的事，但用更加新颖的方式呈现。列完清单后，请许下承诺，每周用其中一种方式表达你的爱意和感激。充满创意的、新颖的表达方式总会让人兴奋不已。你的习惯和模式也许已经固化，因此难以摆脱。但随着不断练习发挥创意，你会变得越来越随性，可以轻松地摆脱固有的模式。

你的伴侣也许不想走出习惯状态，但你仍然可以挣脱自己的泥沼。只要不加入对方的行列，选择更有创意地过日子就行了。这会带给你的伴侣刺激和启发，促使他加入你的行列。

冒险：打破自身限制

知晓自己在人生道路上拥有的力量，你就永远不会陷入恐惧。

"贾森去找停车位了吗？"今天只有伊玲一个人来，这让我很惊讶。

"他决定不来了，"她不好意思地回答，"他说他看不出来这里有什么用。"

"这么说，似乎上一次咨询他什么也没学到啊。"我意识到内心涌起了一丝失望——我对自己感到失望。我意识到了这一点，持续留意这种感觉，同时保持对伊玲的关注。

"他这个人就是这样——在很多事情上，他都看不到积极的一面。我试着让他去做你布置的任务，打破我们的旧习惯，可是……他不想跟我一起做，我就没了动力。我也不知道为什么，可就是没动力了。"

"恐惧。"我发表评论。

"恐惧？你是说，害怕离开我的安乐窝？"

"或者是怕成长得比他快。人的内心有两种对立的力量：一是成长的欲望或渴望，二是对成长的恐惧。通常在一段亲密关系中，一个人表达了成长的渴望，另一个人则会感到恐惧。恐惧和渴望之间比较强的那一个往往会胜出。通常要出现一场危机，才能帮我们克服恐惧。但有时候渴望足够强大，足以让其中一个人先迈出第一步。"

"你是说，我得一个人迈出这一步？我还认为亲密关系的意思是要两个人一起呢。如果我迈出了这一步，他却没有，我是不是在拿我们的婚姻冒险？"

"风险始终存在，"我点头承认，"但身处一段毫无成长、停滞不动的关系又有什么意义呢？"

"也没那么糟啦。就像我上次说的，我们相处融洽，而且彼此相爱。"

"我没有建议你做任何事。某样东西——某种力量或某种感受——促使你来找我，我在尽可能做出回应。你内心存在不满，也许是感觉自己被束缚了。也许有些东西想要更多的自由，所以让你回到了我这里。这一点我有切身体会。虽然我深爱我太太，但我们的关系有时候感觉很像坐牢。现在，我感觉它的目标更像是帮助我成长，迈向情绪成年。有时候，这意味着可能会失去自己的另一半。这当然是冒险啦。不过，每次我向前迈出一步，无论是跟她分享我一直深藏的秘密，还是给我们的关系引入更多的乐趣、浪漫或冒险，我太太最终也会迈出这一步。不过，更常见的情况是，她迈出第一步，我随后跟上来。但人生中的每次冒险，都有可能让你失去对你来说很重要的人或者东西。"

"这也太可怕了！让我感觉自己孤零零的。"

"呃，你瞧，这就是为什么向前迈出的每一步都被称为'冒险'。没有人能保证结果——你会失去什么，又会得到什么。但如果你能意识到自己内心深处的力量，那种促使你走出安乐窝的力量，如果你能意识到那是一种善意的力量，恐惧就无法阻止你前行。"

"那我应该冒什么样的险呢？"她问。

"再说一遍，我不喜欢'应该'这个说法，"我佯装疲惫地长叹一声，"我不知道你可以冒什么样的险。通常来说，有三个选择：一是你可以给贾森什么，二是你可以向他表达什么，三是你可以为他做什么。听从你内心的指引吧，直觉会告诉你具体要怎么做。不管你冒什么样的险，你都是以爱的名义去做的。"

****

话题#18：冒险

夫妻双方会在亲密关系中的一个或多个方面陷入僵局，停滞不前。这可能表现为厌倦、疲惫、死气沉沉或心头沉甸甸的。如果你身上也发生了这种情况，你可能也会因为关系陷入僵局、不知如何"重新启动"而深感沮丧。在这种情况下，冒个险会让你敞开心扉，取得能量，振作起来，获得更令人满足的体验。

不过，重要的是不要将"冒险"与"蛮干"混为一谈。蛮干往往源于摆脱不适感的迫切需求，冒险的冲动则源于你的内在，也就是人们称为"内心"的地方。冲动可能是突如其来的，但冒险绝不是盲目任性的。冒险有可能会让你失去或放弃某些东西，但你这么做并没有自毁倾向。冒险时可能遇到的困难源于直面内心的疑虑和不确定，进而摆脱它们。在这么做的过程中，你会了解真实的自己。

指导建议

如果你想要摆脱停滞不前的感觉，请阅读以下四个问题，回答最合适你的那一个。

1. 我可以为我的伴侣提供什么？
2. 我可以向我的伴侣表达什么？
3. 我可以为我的伴侣做些什么？
4. 我可以在人生中迈出怎样独具创意、给人启迪的一步？

冒险有许多不同的表现形式，但基本要素都是意图和信任：你愿意靠直觉采取行动，相信冒险会把你带到直觉指向的目的地。直觉可能会指引你做一些你不熟悉的事，所以你此时此刻可能还没做好冒险的准备。如果是这样的话，也许是它在给你留出时间，让你做好准备，在不久后的将来迈出一步。内心的力量会促使你采取行动，但绝不会催你还没准备好就动身。只有你自己知道何时才是踏入未知领域的最佳时机。

注意事项

不知道你的伴侣会怎么回应，这正是冒险的有机组成部分。也许看起来你冒的险会让伴侣感到不适，但如果你心里很确定，你打算迈出的一步对自己和伴侣都有好处，那就请相信自己。同样重要的是要记住，冒险的关键不是你行为或意图的结果，而是你超越自身限制、感受外界自由的渴望。

评判：所有批判都是自我评判

你评判别人的某些特点，就是在强化自己的相应特点。

"你的主意没起作用，效果适得其反。"伊玲告诉我。

"我的主意？"我蒙了，"什么主意啊？"

"我应该在贾森身上冒个险。"

"哎呀，你没有试着对他坦白一切吧？"

"你怎么知道的？"她惊讶地瞪大了眼睛。

"我瞎猜的，"我答道，不禁联想起了苏珊试图让桑杰坦白一切，"后来发生了什么事？"

"关于我该冒什么样的险，你给了我三个选择：一是我该给贾森什么，二是我该向他表达什么，三是我该为他做些什么，还记得吗？"

"伊玲，我可不记得我用过'该'这个字。我真的不喜欢这个说法——就像我不喜欢有些人乱用'坦白'一样。但不管怎么样吧，到底发生了什么事?"

"呃,我决定告诉他我一直在想,但从来没有说出口的话。我告诉他,我不喜欢他的穿衣方式——衬衫从来不塞进裤腰,看起来邋里邋遢的。说完这个,我就想,干脆全说出来好了。我告诉他,我觉得他太冷漠了,我朋友来家里玩的时候,他不是个好主人。他花钱大手大脚,为人孤僻,总活在自己的世界里……还有什么……噢,对了,他没有雄心壮志——没有动力去拓展业务。还有,他对刚认识的人不怎么友好——似乎根本没意识到他们的存在。等我想想,还说了什么……"

"我已经很清楚你说了什么,那贾森有什么反应?"

"噢,他只是坐在那里。我说话的时候,他看都没看我。我说完以后,他站起来,说:'真高兴浪费在那个生命教练身上的不是我的钱。'然后,他就一头钻进车库,直到睡觉时间才出来。"

"你有没有觉得自己可能有点儿妄加评判了?"

"我不是故意的。"伊玲答道,看起来有点儿不好意思。

"我不是怪你。"我向她保证,"你已经抓住机会,尽力而为了。冒险常常会导致关系暂时陷入僵局。现在,也许你可以冒第二个险了——承认自己的妄加评判。"

"你是说,我应该承认我在妄加评判?"

"说对了一半。除了'应该'这两个字,其他都对。你可以意识到自己在批评贾森,并意识到所有的批评都是自我批评。你批评别人的哪方面,就是在否认自己的哪方面。"

"可我又不像贾森。我穿衣不邋遢,为人不冷漠,也不是糟糕的主人。批评他的那些方面,我自己都没有啊。"

"你只是看到了表面。你觉得自己有魅力吗?"

"我……我也不知道，大概看着还行吧。"她边说边换了个坐姿。

"你以前有没有觉得自己难看？或者没人需要……没人想要……"

"嗯，有时候会……上学的时候……还有跟我父母在一起的时候。"她承认，突然掉下了眼泪。我感觉自己也要落泪了。接着，她说起她妈妈希望第一个孩子是个儿子，还经常提醒伊玲她有多失望。与此同时，她奶奶最喜欢她的一个妹妹，她爸爸则最喜欢她的另一个妹妹。

"我到底哪里有毛病？"她抽泣着，"为什么他们都不想要我？我努力做个完美的女儿，但不管我为他们做了多少事，他们从来都不认可我！"

我一直保持沉默，让她尽情地释放痛苦。二十分钟后，我们才回到她对丈夫妄加评判这个话题上。

"你一直在关注他的穿衣方式。因为你自己外表清爽、整洁，所以你没意识到，你在他身上看见了自己难看的一面。我们总觉得批评的是别人的做法、态度、外表或性格，但其实批评的是我们对自己的看法——也就是'自我观念'。"

"但如果你没有指出来，我永远都猜不到，我其实是在批评自己难看。"

"不是难看，而是你觉得自己难看。"我说，"你批评贾森的那个方面，正是你相信自己有毛病的那个方面。你需要做自我剖析，对自己坦白，才能找出这些自我批评，以及它们针对的信念。想要回应这些信念——也就是'自我观念'，而不是拒绝它们，或者为此责怪自己，则需要付出更大的努力。"

"也就是说，我批评贾森是个糟糕的男主人，就意味着？"

"你觉得自己做得不够好。"我帮她补完了后半句，然后说，"你来试试看：你批评贾森花钱大手大脚，就意味着？"

"我花钱太大手大脚？"她猜测说，然后摇了摇头，"不，不是那个……是他太粗心大意？"

"粗心大意？"

"不，他是蠢！所以说，是我相信我自己很蠢！"她像是大获全胜似的大声宣布。

"真棒！不管你会说多少门语言，在学校里获得了多少学位或荣誉，这种信念仍然根植于你的内心，对吧？我们再试试另外一个：你批评贾森为人孤僻，就意味着？"伊玲想了很长一段时间，仔细分析贾森的外表和态度，最后才恍然大悟。

"他没有安全感！我没有安全感！真是太奇妙了——如果只看他的一言一行，谁也猜不到他没有安全感！"

"对于你，我也可以说同样的话。"我评论道，"有个词说得好——欲盖弥彰。贾森表面上的冷漠和孤僻都只是伪装——就像你表面上超级高效、特有魅力一样。"

"噢，真是太棒了！"她哈哈大笑，"我等不及要回家，多批评批评他了！"

****

话题 # 19：评判

虽然"评判"这个词有很多其他含义，但在这本书里，我用它来指代因为另一个人的做法、态度、外表或性格而谴责对方，或者说是"数落对方犯的错"。在亲密关系中，它通常会在权力斗争阶段浮出水面，其影响力会随着关系的持续不断增强。当妄加评判开始渗入亲密关系中时，它就会阻断爱、接纳、认可、赞赏、信任等，而这些正是一段关系富有成效、不断成长的特征。

讽刺之处在于，你批评伴侣的东西通常是你下意识里觉得自己有的。糟糕的是，妄加评判的一方完全看不到这一点。同样，你在评判伴侣的时候，会觉得自己站在道德制高点，这会贬低伴侣在你心目中的价值。其实，这么做的根源在于你觉得自己一无是处——了解自身真正价值的人绝不会试图贬低他人。

只要意识到所有的评判都是自我评判，你就可以开始"自我接受"这个过程，其中就包括接纳你的伴侣，不再数落对方犯的错。请记住，你在伴侣身上看到的东西，正是你在自己身上看到的；你对伴侣做的事，也是你对自己做的。

指导建议

首先，开列一份清单，写下你批评伴侣的每一点，确保涵盖了你们关系中的方方面面。只关注性格特征或是态度，而不是关注做法本身。下面的例子中，我故意画掉了其中一些语句，告诉你怎么做删改，用态度替代做法。

- 我会批评我的伴侣，是因为他在性生活方面太压抑。
- 我会批评我的伴侣，是因为他花钱大手大脚，不考虑金钱。
- 我会批评我的伴侣，是因为他总是挑剔我，不考虑我的感受。

- 我会批评我的伴侣，是因为他在公共场合或社交场合说得太多，声音太大，不考虑我和别人的感受。
- 彼此父母：我会批评我的伴侣，是因为他在我跟他家人发生矛盾时，总是站在他们一边，从来不支持我，不会试着从我的角度看问题，不在乎我的感受。
- 沟通：我会批评我的伴侣，是因为他生气的时候老是摔东西，太暴力，不知该怎么恰当地表达愤怒。

你会从这些例子中发现，关注焦点不在做法本身，而在伴侣通过行为表达出的态度或性格特征。正如上述例子中展示的，你可能会发现，在说出行为背后的态度、"负面特征"或性格特点之前，你会抓耳挠腮，想不出合适的用词。你还会发现，想要透过行为看本质，弄清到底是什么刺激了你妄加评判，其实是很难做到的。将这一点牢记在心之后，你就可以开始列清单了。

列好清单后，站在镜子前面——或者想象自己站在镜子前面，直视自己的双眼，说出你写下的批评。在说出来的时候，请务必用"你"这个人称代词。说出"你"做的、说的、想的什么如此大错特错。避免提及具体行为。假设做练习的人叫约翰。约翰会看着镜子里的自己，说出下面的话：

- "约翰，你在性生活上太压抑。"
- "约翰，你不考虑金钱。"
- "约翰，你不考虑别人的感受，太爱挑剔（虽然你藏在心里没说出来）。"
- "约翰，你有时候不在乎伴侣的感受。"
- "约翰，你有时候不知道怎么恰当地表达自己的感受——尤其是愤怒。"

做完这个练习后，你能否看出，你批评伴侣的种种性格特点和态度，其实在自己身上也有所体现？你伴侣的表现形式可能有所不同，而且通常和你的表现形式恰恰相反。只不过，它们只表现出了你身上你不喜欢（甚至是讨厌）的"消极"特征。一旦你开始"接受"自己在妄加评判，就会发现你批评的并不是自己的"毛病"——其实那根本就不是你。事实上，你是一个很棒的人，只是忘了真实的自己是什么模样。

镜像：你才是镜子里的人

镜子从不说谎，只是它呈现的东西不一定是我们想看的。

"你们还想聊些什么？"我问苏珊和桑杰。我们刚刚讨论完我针对"昔日的依附"给他们布置的任务，以及他们完成任务的情况，这次的咨询还剩下不少时间。让我大为惊讶的是，首先开口的竟然是桑杰。

"我有件事想聊聊，但我觉得会惹苏珊生气。"

"你什么都不用说也能惹我生气，"苏珊半开玩笑似的说，"你只要坐在那里就行了。"

"这就是我想聊的。你为人太刻薄了。"

"我只是开玩笑嘛，"苏珊还在嘴硬，"你又不是小屁孩了，用不着叽叽歪歪吧。"

"你懂我的意思了吗？"桑杰几乎从椅子上蹦了起来，转身面对我说，"她都不知道她有多伤人。"

"噢，看在老天的分儿上，爷们儿点吧！"苏珊轻蔑地"呸"了一声，双臂抱胸，换了个坐姿，挪得离桑杰远了一些，"你自己也不是什么完美先生，你懂的。"

"去你的！"桑杰暴躁地脱口而出。我能看得出，他马上就要再次陷入沉默了。这一次，我可不希望他这么做。

"别这样，桑杰。好了，我真的想听你说说。拜托了。"

"说出来又有什么用？不管我说什么，她只会打压我。随便是哪个男人，她都能让他感觉自己又蠢又渺小。"

"不是随便哪个男人——只有你。"苏珊出口反驳，但眼睛根本没看桑杰。

"嘿，够了，苏珊。我想听他说。"

"为啥？他只会告诉你他对我说的：我是个刻薄又卑鄙的臭婊子。"

"他对你这么说的？"

"不是直接说出来的，大圣人桑杰可不会大声说出这种话。但我能从他脸上的表情看出来，他觉得我是个冷酷无情、不值得爱的毒舌娘儿们。"

"她觉得我是个软弱、没用、没骨气的懦夫。"

"这难道不是你对自己的看法？"我直视他的双眼问道。

桑杰不自在地在椅子上动了动，努力保持和我对视："什么？你这话是什么意思？"

"你就从来没觉得自己软弱……或者没用？"他还没来得及回答，我就转过身问苏珊，"你就从来没觉得自己不值得爱，或者批评自己冷酷无情、说话毒舌？"他们两个人都沉默了很长一段时间，大概都在等对方表示赞同吧。我决定继续说下去：

第二阶段：幻灭　　119

"也许你们从来没听说过这个说法：伴侣就是你的镜子。也就是说，你在伴侣身上看到的，其实是你内在的东西。如果你觉得伴侣对你不公平，那么镜子就会照出你内心的一部分，也就是你通过批评、批判、责备等方式对自己不公平。无论你认为伴侣对你做了什么、说了什么，那其实都是你对自己做的、说的。"

"那么，当他钻进壳里不出来，看起来完全无视我的时候，就意味着我……呃，觉得自己一无是处？"

"有可能。如果直觉是这么告诉你的，为什么不相信直觉呢？如果遇上你这种情况，我可能会问问自己，我忽视了自己的哪方面？通常是我脆弱的一面，但有时候可能是我天才的一面。关键在于镜子在那一刻展现给你了什么。镜子永远不会撒谎，你也没法蒙混过关。"

****

话题#20：镜像

这个话题表明，伴侣是一面活生生的镜子，反映出了你的内心体验，帮你提升意识并接纳自己。亲密关系中的镜像效应能帮你了解到：

1. 你对待伴侣的方式，反映了你对待自己的方式。
2. 伴侣对待你的方式，反映了你对待自己的方式。

这也许从某种程度上表明了，如果你通过指责或批评攻击了伴侣，你内心就在受这种攻击的影响。如果你口头诋毁伴侣，同时就在诋毁自己，并在情绪和身体上感受到了诋毁的负面能量。

同样，你在赞赏伴侣的时候，会感受到内心赞赏的暖流。值得注意的一点是，不管你怎样对待你的伴侣，你肯定已经在用同样的方式对待自己了！镜像效应不会导致你出现某种感受——它们只是反映出你带到镜子前面的东西。

镜像效应还有一点也值得注意：只要看看伴侣对待你的方式，就能反映出你下意识里是怎样对待自己的。这表明，你可能不喜欢伴侣对你说话的方式，或是他对待你的方式，但如果你深入探索内心，就会发现自己心灵的另一面（审判者、刑讯师、批评家）正用同样的方式对待自己。

指导建议 #1

反思一下你上周是怎么对待伴侣的，你给了他多少尊重、认可、接纳和赞赏？你通过口头表达或肢体语言给了他多少批评？为了清醒地意识到你对待伴侣的方式正是对待自己的方式，请将下列句子补充完整：

- 当我称赞伴侣很棒的时候，我的身体感觉到_____。
- 当我批评伴侣的某些方面时，我的身体感觉到_____。
- 当我不加评判地接受伴侣时，我的身体感觉到_____。
- 当我批评伴侣的做法、态度或外表时，我的身体感觉到_____。
- 当我对伴侣发火的时候，我的身体感觉到_____。
- 当我跟伴侣开玩笑的时候，我的身体感觉到_____。

请记住这个话题的关键——你是镜像的发起者。如果没有你，镜像就不可能存在。但你没有站在镜子前面的时候，你仍然存在。就算没有镜子反射，你感觉到的东西也仍然存在。因此，如果你内心平静，就会在镜子里看见平静。是你内心的平静创造出了眼前看到的平静。只有内心先有感受，镜子才可能反映出来。希望你能看到，通过满怀爱意、富于同情地对待自己，你也能有意识地试着用同样的方式对待伴侣。

指导建议 #2

为了清醒地意识到伴侣对待你的方式反映了你下意识里对待自己的方式，请回答下列问题，将句子补充完整：

1. 我不喜欢伴侣像这样对我说话：＿＿＿＿＿＿＿＿＿＿＿＿＿＿＿。
2. 当他这样对我说话的时候，我觉得他在（可多选）：
鄙视我＿＿＿批评我＿＿＿责怪我＿＿＿批判我＿＿＿忽略我的感受＿＿＿
其他（根据你的情况描述）＿＿＿＿＿＿＿＿＿＿＿＿＿＿
3. 我能看得出，我有＿＿＿%在以同样的方式对待自己。
4. 我不喜欢伴侣＿＿＿＿＿＿＿（描述他对待你的另一种方式）。
5. 我能看得出，我有＿＿＿%在以同样的方式对待自己。

只要你能看得出，伴侣对你的做法、态度和沟通方式反映了你对待自己的方式，就算百分比很低，你的意识也会有所提升。你对伴侣的过激反应会越来越少，还会将无意识地互动变成有意识地沟通。

选择爱：亲密关系的转折点

当你只选择爱的时候，其他东西都不重要了。

我指导布拉德和珍妮特做完关于"两极"的体验式练习，觉得进展不错。这时，珍妮特大声宣布："维系关系还真是累人。为什么就不能像电影里演的那样？"

"说到浪漫电影，有件事挺有意思的。"我回答，"你有没有发现，电影大结局差不多都是'坠入爱河'的情侣终于在一起了？他们在夕阳下驶向远方，或是激情相拥，音乐响起，然后……全剧终。他们只是刚开始亲密关系这个过程，电影制作人就说：'好了，收工吧——情况不可能比这更好了。'至少在我看来是这样。"

"我觉得他们会说：'从此以后，他们过着幸福的生活。'"珍妮特用如梦似幻的语气说，惹得布拉德哈哈大笑。

"童话般的婚姻？这就是你想要的吗？"我温和地问，"我知道，浪漫的恋情是很好、很激动人心，但婚姻为你提供了机遇和支持，让你能体验到比幻想和浪漫更有魅力的东西，某些更稳定、更持久的东西。"

"你是说无条件的爱吗？"布拉德开玩笑似的问。

"我不知道它是不是有固定说法，"我承认，"有些人这么称呼它，有些人可能称它为真正的幸福、圆满、真相……正是它让一个人持续付出而不求回报，让事情顺其自然而不是强行操纵，敞开心扉倾听和诉说，就算感觉不舒服也能接受现实。"

"听起来太理想化了。"珍妮特评论说。

"我懂你的意思。"我承认，"我第一次意识到这一点的时候也觉得不可能做到。事实上，我当时心目中的自己是不可能做到的。当你开始觉得你也许不是自己认为的那个人，想要了解真实的自己的时候，最初听起来太理想化、不可能做到的事才开始有了真实感。电影里所谓的'爱'并不是真正的爱，大多数人脑海里的'幸福'也不是真正的幸福。所以，你面前又出现了两个选择：一是浪漫的爱，二是真正的爱。你会选哪个？"

****

话题 # 21：选择爱

这个话题表明，亲密关系是为你提供更满足的体验，所以你完全能靠情感让双方的关系和激情永葆活力。情感是浪漫的发动机，源于爱与被爱的需求。总有一天，情感会萎缩，浪漫会消失，激情会消退。此时，你就会开始质疑，自己所处的这段关系到底对不对，除了关于爱的浪漫幻想和伤感哲学外，是不是还有更有意义的东西值得去追寻。如果你的情况正是这样，这就是一个转折点，你有可能从此进入人生的新阶段。在这个新阶段中，你能直接感受到无条件的爱和真正的幸福。你有机会做出选择。你找到的东西也许会比情感联系或依附更有意义。

指导建议

以下练习旨在让你全心全意地关注你的伴侣，而不是关注目前的状况或当下的问题。想象你的伴侣就站在你面前。全心全意地欣赏他。向他敞开心扉，想象对方纯净的本质。意识到或看到那种喜乐、平和、充满爱意的本质。重视你的伴侣，胜过希望他满足你的需求。你如果能让自己做到这一点，即使是在想象中做到这一点，就能向前迈进，进入亲密关系中更深的层次。

根据每个人的性格和具体情况，这个练习可能需要坚持做几周。无须在意要花多少时间。当你和伴侣在一起的时候，注意他美好的一面。如果负面看法冒出来，你可以对自己说："这些算不了什么，我选择全心全意地欣赏他。"你做出的选择将决定你会从伴侣身上看到什么。坚持选择爱，选择真正的爱。

转型危机：重温过去错误的绝佳机会

想要做煎蛋，就得先把蛋敲开。

为期三天的亲密关系工作坊已经进行到了第二天。参与者性取向各异，都处于亲密关系中。有些人没有和伴侣一起来参加工作坊。前一天，有三个人离开：有一对夫妇并不认同他们听到的内容，另外还有贾森。刚抵达会场十分钟，他就告诉伊玲、整个小组和他慵懒地盯着的天花板，要学习处理关系的不是他，而是他太太。布拉德和珍妮特、苏珊和桑杰都来了，分别坐在伤心、沮丧的伊玲两旁。

"我上周接了一个个案。"我开口说道，"她结婚二十二年了。大约六个月前，她丈夫回到家，宣布要为了另一个女人离开她。这完全打了她一个措手不及。她无比震惊，陷入了焦虑和抑郁，不得不接受药物治疗。"我在可以翻转的白板上写下"惨遭抛弃"四个大字，"我接待的另一对夫妇过着相当安逸的生活，直到他们发现被理财师卷走了所有的钱。

而且，丈夫刚刚丢了工作。他们在一周之内从安逸变成了破产。"

"你给他们做教练有没有收钱啊？"开口的自然是布拉德，他脸上挂着一丝假笑。

"没有，那是无偿援助。"我回答说，用马克笔写下"财务危机"四个大字，然后转身面对小组成员，"谁能说一件在亲密关系中让你特别痛苦的事？以前的也行，现在的也行。"

"我女儿差点儿因为肺炎没了命！"布拉德撕心裂肺地说。"女儿生病"——我写在白板上。

"离婚真的把我伤得很深，"一位女士插了一句，"我抑郁得在床上躺了三个月。""离婚"。

"每次汉克在外面鬼混，我都想自杀！"保罗大声宣布，推开了伴侣伸来的安抚之手。"外遇"。

"我妻子刚去世的时候，我以为自己永远没法恢复了。"一位男士说。

"我也是。"另一个男人点头称是，"就像她在我生命里掏了个大洞，让我一头栽了进去。""挚爱离世"。

"贾森不肯跟我说话。"伊玲伤心地说，"他都不跟我同床，还说想要分居。""分居"。

"珍妮特又怀上了，"布拉德无精打采地宣布，"也就是说，能赚的钱少了，要花的钱多了。""新生儿／经济压力"。

"我婆婆从中国搬来跟我们一起住。"一位女士低声说，"她不喜欢我，觉得家里应该由她做主。"她丈夫冲我无奈地耸了耸肩。"双方父母"。

小组成员你一言我一语，足足说了十分钟。在那之后，我回头看着白板，大声念了出来。

"惨遭抛弃、财务危机、女儿生病、离婚、外遇、挚爱离世……"我逐一念出白板上的词，然后转身看着小组成员，"正如你们看到的，许多高压事件都会给亲密关系带来压力，甚至毁掉一段关系。你很容易责怪伴侣，把对方看成是某种情况或某件事的成因。但事实上，没有人能避免遇到危机。或许有些人看起来生活美满，身边没有发生特别严重的事，但那些人是非常罕见的例外。"

"所以说，糟糕的事总会发生，问题是怎么应对，对吧？"苏珊问。

"你怎么应对这些事，取决于你怎么解读它们。也就是说，你赋予了这些情况或这些事什么样的含义。你是把它们视为'出了差错'，还是学习和成长的机会？它们是披上伪装的馈赠，还是不得不忍受的负担或惩罚？你是可以从中受益，还是得备受煎熬？"

"听起来挺酷的，也是事实，大夫。"布拉德语带挑衅地对我说，"但当我的小女儿受尽折磨，有可能一病不起，我们很快又要喂饱另一个孩子，赚的钱还越来越少的时候，我可没心思想它们背后有啥哲理。除了'老天爷啊，真是太糟糕了'，我还能怎么解读这些事？！"

"布拉德，我也遇到过个人生活和职业上的危机。我并不是对大家的体验漠不关心。每种危机都让人痛苦，这种痛苦是无法避免的。然而，受苦是可以避免的。不管危机看起来是什么样子的，也不管你想不想要，它们总会发生。你可以把它们看成是你的敌人、你的不幸、对你的惩罚，或者伴侣乃至其他人对你不公平，也可以不做任何评判，接受它们的本来面目，穿过黑洞洞的隧道，一步一个脚印，走上改变人生之路。"

****

话题 # 22：转型危机

这个话题指的是两个人发生冲突、陷入僵局甚至闹分居的时刻。这种事可能发生在现在，也可能发生在将来。如果你或你的伴侣出现了情绪反应，长期受压抑的愤怒、剧烈的不适感或是想要攻击对方的念头冒出头来，那么很有可能是"转型危机"正在浮现。有时候，这些长期受压抑的感受极其强烈，让亲密关系有一拍两散的危险。尽管这可能是极其艰难的时期，但它表明巨大的转变正在发生。如果你长了脓肿，就得切开它，才能让身体痊愈。旧日的伤痛必须"浮出水面"，你得看清它们背后的痛苦，才能将痛苦彻底释放。不幸的是，这些伤痛往往被视为亲密关系中冲突或矛盾的根源。在这个时候反应过激，可能会让你失去真正值得重视的人。但如果你太过消极，逃避这种情绪爆发，也可能失去这场转型危机带来的宝贵成长机会。你只要保持镇定，就会看到，在情绪爆发后，释然感会油然而生。如今，你终于可以放下背负那么久的重担了。

指导建议

如果你目前没有遇到危急情况，这个话题也可以帮你重温过去错失的机会，或者为将来的危机做好准备。请选择最适合你的指导建议。

当前的危机：内心保持镇定，尽可能地持续关注自己的情绪和感受。不管你在外界有多活跃，都要尽可能地持续倾听内心的声音。努力避免反应过激，但也不要逃避亲密关系中发生的事。认真体会旧伤的痛楚，其中一些伤痛已经在你的家族中延续了好几代。如果你的伴侣正在经历情绪爆发，请把你的个人感受先放在一边，悉心照顾对方。最重要的是保持镇定，注意呼吸。用舌头顶住上颚，这样你就不会不假思索，想到什么就说什么了。向你的内心、感受和旧日伤痛虚心求教。

现在不是采取行动的时候，而是释放痛苦的时候。不要试图解决出现的冲突，而是尽可能为这些冲突带去平静，就像为伤口或瘀肿敷上药膏一样。你可以想象自己的本质射出一束光，照进茫茫黑夜般的痛苦之中，或者将这束光投向你的伴侣，照亮对方的痛苦。继续好好地活下去，不要被情绪爆发害得全身麻痹。只要你好好过日子，尽可能平静地对伴侣做出回应，伤口会逐渐消失，取而代之的会是美好的馈赠，你们的关系会变得更加亲密，更加爱意融融。

过去的危机：花点儿时间静坐，回想一下过去发生的危机。事到如今，你仍然感觉自己在受那场危机的影响。重温那件事，回顾你当时的反应和做法。"见证"那个时刻，就像坐时光机回到那个时刻，观察当时具体发生了什么事。你觉得自己错失了什么机会？生命给了你什么样的馈赠，却被你忽略了？那份馈赠能怎么丰富你的人生和亲密关系？花几分钟时间，闭上双眼，在脑海中呈现那场危机，心中牢记上述问题。然后，将下列句子补充完整。

- 我错失了体验到_____的机会。
- 当时，生命给予了我馈赠，能丰富我的人生和亲密关系，那份馈赠是_____。

现在，重新闭上双眼，在脑海中呈现那场危机，见证自己诚心诚意地收下馈赠，抓住机会。不要抱任何期望，只要敞开心扉，关注会发生什么事。

未来的危机：审视亲密关系的各个方面，看是否有可能演变成危机。你做了什么、没做什么、说了什么、哪些东西可能引发危机？向你的直觉询问：这场危机是我和伴侣关系中不可避免的一步吗？如果不是的话，我现在可以做些什么来消弭危机，走近伴侣？相信你内心和直觉的指引，遵从它们的引导。如果危机是必不可少的，请在脑海中做下列想象。

花几分钟时间静坐，闭上双眼，见证危机在未来爆发的那一刻。关注事件提供了什么样的机遇、什么样的馈赠。敞开心扉接受这些机遇和馈赠，想象这么做以后会发生什么事。然后问问自己，通过这场危机，你们的亲密关系中出现了什么新领域。让直觉回答你提出的问题，将答案融入你的内心。

独立游戏：持续否认彼此的需求

当你拒绝承认自己的需求时，就是在拒绝自己的人性。

"我一直有种感觉，我爱布拉德胜过他爱我。"珍妮特抱怨道，"我一直努力让婚姻保持活力，他却总是给我泼冷水。"

"能举个例子吗？"我问。

"当然可以。上周五，我决定给他个惊喜。我给我们俩收拾好了外出过夜的行李，放在车里，找了我妹妹帮忙看孩子，然后坐在屋外的车里等他。他回家以后，我叫他上车，跟我一起出去买东西。顺便说一句，他根本不想陪我买东西。然后，我把车开到一家温馨的酒店，大喊：'惊不惊喜？你今晚被我"绑架"了！'他看了看酒店，又看了看我，说：'哇，珍妮特！太谢谢了，亲爱的，我真的好爱你！'"

"真的吗？"我难以置信地问。

"才怪呢！根本不是！他看起来很担心，问我们付不付得起房费。真是扫兴！"

"该死的，最近我们的钱真的不够用。我觉得我们是在从孩子嘴里夺食。"布拉德连忙辩解。

"他总是这样，总是破坏我的计划，拒绝和我独处……当然了，他周末可以跟哥们儿一起出去玩，但绝对不会跟我出去。"

"那是公司掏钱的团建活动啊！"

"哼，反正总有借口。我只是觉得，一直是我追着他跑，要是他能偶尔追我一次就好了。"

"那就让他一个人待着，"我揶揄道，"无视他。"

"我试过，但他把那看作是给我们的关系放大假。结果，他在电脑前面待的时间更长了。"

"是你无视他的时间不够长吧。"

"真是谢谢你啊，教练！"打了这么久的交道，布拉德总算是不喊我"大夫"了。

"我是开玩笑的啦，"我承认，"你们显然是陷入了'独立游戏'的僵局。布拉德扮演独立的角色，而你呢，珍妮特，则扮演依赖的角色。所以，你看起来是深爱对方的那个，他则显得比较冷漠、疏远……甚至可能是毫无兴趣。"

"我每天都说'我爱你'，"布拉德提出抗议，"只是她从来不相信。"

"大概是因为你说一套做一套。还记得几个月前我告诉你们，夫妻双方在亲密关系中会处于两个极端吗？我们主要讨论了'消极'和'积极'这两个方面，但我也提到了其他一些极端的词语，比如'依赖'和'独立'。'依赖'和'独立'针对的是我们的需求，尤其是对受重视和归属感的需求。珍妮特，你作为依赖的一方，会觉得自己比布拉德更忠于婚姻，更深爱对方。你看起来也是比较软弱的一方。布拉德则得以活出儿时的牛仔梦——特立独行的牛仔，在牧场上策马奔驰，只有明月、繁星为伴。"

"是你告诉他的？"布拉德不满地质问珍妮特。

"放松点儿，牛仔，这是我们国家很多男孩的梦想。"我向他保证，"独行侠在别国文化中有其他的象征物。但我们常常会忘记，特立独行并不像看起来那么强大。你其实跟珍妮特有同样多的需求，也跟她一样有脆弱的一面，只是你更积极地压抑、否认它们罢了。"

"那是因为他不像我在乎他那么在乎我。"珍妮特语气愤怒，却有一种高高在上的感觉。

"我在乎的，"布拉德一口咬定，"只是表现得跟你不一样罢了。"

"珍妮特，在这一点上，我不得不赞同他的说法。在大多数亲密关系中，双方的情绪成熟度是差不多的。"

"说得好！你听到了没？"

"不过，在异性恋关系中，女人往往更能体会自己的感受。珍妮特，这让你对自己的需求更敏感。也就是说，你更容易表达自己的需求——这让你看起来似乎更依赖对方。"

"你说'看起来'是什么意思？"珍妮特问。

"呃，你们进入这段关系的时候，不肯承认自己对受重视的需求，也不愿意直面这种需求。你们俩都试图在不承认它的情况下满足这种需求。事实上，你们俩都很独立，但珍妮特更能体会到这种需求，因此显得更依赖对方。为了真正走近彼此，你们最好放弃'独立'或'依赖'的立场，在本性中和对方建立联系。"

****

话题 #23：独立游戏

独立通常被视为凡事靠自己，不依赖外人、外物。如果你在你们的关系中是"独立"的一方，那么你看上去似乎对伴侣要求不多。你看起来强大而自立，有时候甚至像在照料伴侣。你似乎需要什么都能自己搞定，很少（甚至从不）展现出自己有迫切需求。

如果你的伴侣拥有上述特点，那你可能是"依赖"的一方。你也许会觉得，伴侣没有你爱他那么爱你。你也许会通过扮演"完美的伴侣"来"赢得"伴侣的爱，或者是通过另一种方式——也就是抱怨对方不关注自己。

不管你是独立的一方，还是依赖的一方，你们双方：

1. 进入这段关系都是因为对受重视和归属感的需求。
2. 无意识地否认这些需求，独立的一方否认得更积极。
3. 相信独立是力量的象征，但事实上它不过是一种否认的状态，目的是掩饰自己有需求、有脆弱的一面。

如果你和伴侣在玩"独立游戏"，你们就会深信自己需要的东西只能从外界找到，尽管最初让你们彼此吸引的是对"特别感"的需求（我们错误地称为"爱"）。你们都以独立的姿态进入这段关系，掩饰自己的需求，同时又试图让对方满足这种需求。

独立源于否认自己的需求，然后再否认需求的存在。保持特立独行，就是持续否认你的人性。隐藏在人性背后的是你的本质——以人类肉体形式来到世间的天才。如果你拒绝自己的人性，就是在拒绝自己的灵性。

指导建议

以下清单描述了亲密关系中"独立"和"依赖"两种角色的不同特征。审视你和伴侣的关系,弄清楚你经常扮演哪种角色。

依赖	独立
充满期待	装作毫无期待
抱怨	从不抱怨
看似比较软弱	看似比较强大,能够自给自足
一心只想着伴侣	看似专注于"其他事物"
试图博得伴侣的关注	注意力没放在伴侣身上
看似"深爱着"伴侣	会说"我爱你",但看起来不像在深爱着对方
更注重亲密关系	更关注外部世界
比较"忠诚"	比较薄情

有些伴侣会轮流做独立的一方,有些伴侣的角色则完全固定——不过,同一个人始终扮演"独立"角色的情况并不多见。看完上面的清单后,你可能会想:为什么要放弃"独立"的角色?毕竟,它看起来比"依赖"的角色更强大,也更自由。答案是,"独立"的角色并不真实,只是在否认自身需求。为了认清真实的自己,就要直面人性的脆弱,透过幻象看清灵性的自我。放弃独立,走近伴侣,就是朝自我迈进。

如果你发现自己在扮演"独立"的角色,下列简单的步骤能帮你摆脱这个角色,走近你的伴侣。

1. 认识到伴侣的依赖性反映了你自己的依赖性。

2. 问问自己："我的伴侣通过口头或肢体语言表达了什么需求？"（这些需求通常是受重视、归属感、安全感或力量感。）

3. 问问自己："如果我现在处于伴侣的位置，会希望对方怎么对待我、怎么回应我的需求？"

4. 遵从内心直觉的指引。请记住，你是怎么对待伴侣的，就是怎么对待自己的。

理性谎言：切断深层联系的防御机制

理性解释只会把你带进死胡同。

"我这人很情绪化。"两个人刚坐下，苏珊就说。

"这方面的证据我们已经见过不少了。"桑杰颇为戏剧化地压低了声音说。

"你还挺风趣的嘛。"苏珊反唇相讥，"而且，不仅仅是在我生气的时候，在我不高兴的时候也是。我很想说说我的感受，但不知为什么，他就是听不进去。就像那天，我在医院里工作很不顺心——真是糟糕透顶。由于流感蔓延，病人比往常更烦躁，更需要关注，却有三个护士请了病假。我真想辞掉护士长的工作，跑回菲律宾去——离那家医院越远越好。我回到家的时候，感觉自己失败透顶，而且为人糟糕。我跟桑杰说了我的感受，他却引用印度教里克利须那神的话，告诉我一切都是虚幻的，一切都会过去，不要眷恋世间万物……你能相信吗？他竟然给我讲大道理，讲的还是这个！我只想狠狠地扇他一巴掌，我是说真的。"

"我只是想要安慰她啊。"

"你觉得为什么没起作用？"我问他。

"她只是想发泄一下。我知道应该让她说出来，让她知道我在认真听，可是……我也不知道……我真的不喜欢看见她不开心。"

"噢，好吧，反正引用《博伽梵歌》里的话可帮不上忙。"苏珊厉声说道。

"如果你能听进去的话，还是能帮上忙的。"桑杰还在嘴硬。

"桑杰，我们已经做过好几次咨询了，你觉得她当时有什么感觉？如果要从一无是处、被人抛弃、失望和心碎这三个里面选一个，你会选哪个？"

"当然是一无是处了。可能她也对自己很失望。"

"在他说了一番大道理以后，我感觉被人抛弃了。"她补充说，"我感觉痛苦只能自己扛。"

"那你又是怎么做的？"桑杰反唇相讥，"每次我心情不好的时候，你都会给我做'赛前动员'，说什么感觉不好是我自己做的选择，我明明可以选择感觉好起来。"他转身看着我说，"她告诉我，要在脑子里塞满快乐、积极的念头，感觉糟糕是不理性的。如果我能冷静地分析自己的处境，就会发现没什么值得烦心的。她会变得不耐烦，对我很不屑，说我是小题大做。我对她说的那些话，有哪句比她对我说的更过分？"

"没有。"我的回答很简短。

"嗯，你告诉她呀！"

"没有更过分的。"我转身对苏珊说。

"我只是想让他振作起来。"苏珊还在坚持。

"我也只是想安慰你。"桑杰立刻反击。

"你们凭什么这么说？"他们俩都沉默了一阵子。

"我觉得，我从印度史诗《摩诃婆罗多》中汲取了智慧。"最后，是桑杰先开的口。

"谁告诉你这能帮上忙？"

"我也不知道——大概是我脑子里的声音吧。"

"那个声音是理性的，还是不理性的？"

"呃，好像挺理性的。我看见苏珊不开心，想让她开心起来。显然，她陷入了沮丧和自我批评，嗯……也许还有点儿自怜自艾吧。于是，我觉得可以帮她意识到这种纠结，这样她就能看开点儿了。"

"你觉得你像……像圣雄甘地一样说话，就能让我感觉好起来？"

"先等等，苏珊。我们等等再说这个好吗？你能告诉我，桑杰不开心的时候，你是凭什么给出建议的吗？"

"我觉得那是常识啊：他心情不好，满脑子都是不开心的念头，所以逻辑告诉我，不开心的念头会带来不愉快的感觉。想一想积极、开心的事，就能摆脱不愉快。"

"如果你在工作中遇到了烦心事，桑杰把这番话说给你听，你觉得会发生什么事？"

"呃，我……"她停顿了几秒钟，突然露出了微笑，"……我肯定会杀了他。"

"就是这个道理。"我答道，同时也冲她微微一笑。

****

话题 # 24：理性谎言

也许在亲密关系中的某个方面，你看不到与伴侣建立深层联系的可能性。这个话题表明，阻止你走近伴侣的可能是你的恐惧，只是伪装成了理性思维而已。理性思维很有用，但当你害怕应对心声催促你去做的事时，理性思维也会被用作防御机制。为了避免直面自己的恐惧，你会编出一大套理性解释，证明自己没做某件事是有道理的——但这些"理性谎言"最终可能会导致更大的问题。人拥有将某种行为合理化的能力（在你心目中，自己永远是好人），免得自己产生不适感。然而，不适感是很有必要的，因为它会告诉你，现在是成长的好机会——要是不成长，就会停滞不前。

指导建议

首先，将下列句子补充完整：

1. 我和伴侣没有应对的问题是＿＿＿＿＿（例如，性生活、沟通、亲密感、金钱、双方父母、孩子、工作等）。

2. 对于为什么没有应对这个问题，我给出的理性解释是＿＿＿＿＿（请描述你和伴侣讨论这个问题时用的逻辑论证。例如，他的反应过激了，讨论也没用，没办法摆脱这种困境，又不是什么大问题，反正这件事我们以后还会再吵的，等等）。

3. 事实上，我避免处理这个问题，是因为它让我感到＿＿＿＿＿（例如，一无是处、负罪感、不安、气馁、绝望、无助等）。

不管你给出的理由多么严谨，请停下来想一想那套逻辑论证背后的东西。请问一问自己，你将某种行为合理化是为了什么，这么做能让你离伴侣更近，还是说只会让你们越来越远？如果是后者的话，你的理性思维就受了你的防御机制控制。事实上，它完全可以摆脱控制，转而为你的真心服务。一旦你做到了这一点，"理性谎言"就会彻底终结，体恤对方的理由就会浮现。即使你还没有准备好走近伴侣，跟他讨论问题或表达自己的感受，你仍然变得对自己更坦诚了。如果你乐意的话，也可以意识到自己脆弱的一面，并将它们视为能量，而不是视为威胁。这有助于提升你的情绪成熟度。

替罪羊：向前一步，向爱靠近

别把对伴侣的看法当作合上心扉的借口。

"他现在搬去客卧睡了。"从电话那头传来的声音无比绝望。前一天刚下了暴雪，伊玲住的街区还没恢复供电，路上的积雪也没人铲，但她坚持要做咨询，所以只好通过电话进行了。

"你对此有什么感觉？"

"我只想放弃。这实在太难了。"

"你说'放弃'是什么意思？"

"我的意思是放弃试图改善关系！放弃跟他在一起。"

"好的，我支持你这么做，"我向她保证，"百分之百地支持。"

"什么？你是说，我放弃也没关系？"

"放弃试图改善关系？当然了。"

"但你是亲密关系顾问啊！你不是应该帮人修复关系吗？或者说是

治愈？"

"我是教练，不是顾问。我帮人们直面亲密关系中的挑战，从而不断成长。"

"可是，贾森已经放弃了。除了付账单、买杂物、做家务之外，他一句话都不跟我说。每次我问他到底发生了什么事，他就会离开房间。我们的关系结束了！"

"那么，贾森现在在客卧？"

"对。因为下大雪，他今天没上班。"

"客卧里那个身体还在呼吸吗？"

"你说什么呀！当然在啊。"

"当你想到他在客卧里，想到他的一举一动时，仍然会有情绪反应？"

"嗯，对。我感觉很受伤，"她停顿了一下，"还有点儿生气。"

"那么，你还跟他处于冲突之中。"我告诉她，"所以说，你可以从这个机会中获益。这是吸取教训、不断成长的好机会。"

"但他一句话都不跟我说！解决冲突需要两个人才行，对吧？"

"事实上，维持冲突才需要两个人。解决冲突只需要一个人就行。"

"那么，我应该离开——离开他喽？"

"你是自由的，随时可以离开这段关系。"我说，"如果没有离开的自由，就没有留下的自由。但我不是建议你离开。"

"那么，我应该留下来，跟他一起努力？"她满腹狐疑地问。

"是离开还是留下，这完全取决于你。只是不要拿贾森作为你不继续成长的借口。如果你拿他当替罪羊，把他变成故事里的恶人，很容易让自己成为恶人罪行的受害者。"

"但我实在没法想象，我留下来能有什么好处。"

"如果这就是你的感受，你可以选择离开。不过，没必要为了你对贾森做出的决定自责。如果直觉或感受告诉你，离开最合适，那就离开。如果你选择留下，也要是出于同样的原因。怎么做对你的成长最有好处，就怎么做。如果你拿贾森当替罪羊，就给了他压倒你的权力，而事实上他并没有这种权力。他在他的房间里，舔舐伤口，强化防御，或是变得麻木……或是不断成长。不管他在做什么，那都跟你没关系。"

"如果他拿我当替罪羊，那又会怎么样？"伊玲问。

"那是他的自由。我接下来说的可能并不准确——我有时候会这么打比方，不过我还是说了吧：在我看来，真正的学习不是源自大脑，而是源自心灵。我们的脑子里充满了逻辑、理性的思维和信念，但那里没有智慧，也没有情绪成熟。只有敞开心扉、接受现实，才能获得智慧和情绪成熟度的程度，那才是通往'情绪成年'的起始点。贾森显然在拒绝你，如果你摆出防御姿态，就可能会合上心扉，看不到成长的机会。你会拿他来提醒自己，不要相信自己，不要相信人生。"

"我感觉我已经合上心扉了，"伊玲说，"一直敞开心扉实在是太痛苦了。"

"这种痛苦杀不死你的，而且也没头一次出现那么难熬了吧。痛苦看似强大，是因为我们在面对它的时候，会相信自己渺小又卑微。拒绝拿贾森当替罪羊，就是向真正的体验敞开心扉。你会得到宝贵的机会，看到真实的你，而不是仅仅沉浸在痛苦中。"

****

话题 # 25：替罪羊

这个话题表明，你会在亲密关系中将伴侣视为"恶人"。你也许会以伴侣的做法或态度为借口，解释自己为什么会不开心，为什么没法更坦诚地去爱。事实上，这背后是你对成长的恐惧。最重要的是要记住，人类最大的恐惧是对爱的恐惧。人类对死亡的恐惧都比不上对爱的恐惧，因为无条件的爱需要放弃控制、失去自我。就算是失去生命，还有希望在另一个世界保持自我，但如果完全臣服于爱，我们就会出于本能地认定，自己将彻底失去自我。

向伴侣迈出一步，通常意味着卸下心防，向爱靠近。你无意识的防御机制会自动寻找方法逃避爱，也就意味着逃避你的伴侣。因此，在没有意识到自身动机的情况下，你会试图以伴侣的做法、态度或外表为借口，解释你为什么无法在亲密关系中更进一步。在拒绝伴侣的同时，你可以安全地拒绝爱。

你想过自己只是害怕去爱吗？有意识地停止拿伴侣当替罪羊，意识到你对伴侣的态度或做法做出的种种解释不过是借口，不过是为了掩饰自己的恐惧。害怕去爱本身并没有错——这是人性，然而，硬要伴侣为你的人性负责，则会产生副作用。

指导建议

无论你将伴侣的哪方面视为亲密关系的阻碍，为了不再拿对方当替罪羊，请将下列句子补充完整。

- 我的伴侣，我一直在拿你的_____（描述做法、态度或外表）做借口，不愿带着爱意和接纳走近你。
- 我害怕，如果我走近你，就会感到_____（例如，不安全、没价值、卑微、无力、气馁等）。
- 此时此刻，我不会拿你当替罪羊，而会_____。

如果你选择直面这种感受，不妨把手放在身体的某个部位，闭上双眼，把注意力放在那里。这么做会对你有所帮助。你可能会将那种感受视为五彩斑斓的能量形态，或是感觉到它在你体内震颤或发光。你越是把它视为一种能量，就越能深入它的核心，看清自己的本质，发现那些平和、喜乐与爱的力量正等着迎接你的到来。

第三阶段：内省

　　审视亲密关系的内省阶段，以及其为你提供的摆脱关系僵局、情绪融合和牺牲者角色的机会。

　　关键在于接受自己人性脆弱的一面，超越它造成的限制，找到自己快乐、平和、充满爱意的本性。

倦怠：释放你的激情

倦怠掩饰了对自身创意的恐惧。

"我想过找你预约一次咨询，但后来发现，给你买啤酒要便宜得多。"服务员把两杯琥珀色的麦酒摆在我们面前时，贾马尔说。

"好主意——反正我们整栋楼都不许黑人入内。"我故意开玩笑。

"没关系——反正我们整个街区都不许白人入内。"我们碰杯后啜饮了一口，然后哈哈大笑。贾马尔住在城里一个高档社区，事实上白人并不多，主要住的是亚裔、阿拉伯裔和非裔。他现在住的地方跟我们一起长大的贫民区有天壤之别。

"你想聊什么呢？"我问。

"呃，我真的很不想说的。"我的朋友回答，"你知道，从上高中的时候起，我就爱梅薇斯爱到发疯。她是个很棒的妻子，还是我的好朋友……理查德和哈勒觉得她是世上最好的妈妈——他们俩都三十好几了，每年还给她买咖啡杯当生日礼物，杯子上印着'世上最好的妈妈'。"

"我见过那些杯子。"我提醒他。

"噢，当然了。话说回来，她真的很棒，我也很爱她……"

"可是？"

"可是，我也不知道……跟她在一起的时候，我只觉得……死气沉沉。伙计，我觉得无聊透了！我觉得我们就像活在贺曼公司发行的贺卡里——幸福美满的一家人，过着幸福美满的生活。一切都很完美，可是……"贾马尔摇了摇头，又呷了一口酒。

"也许就是因为太完美了？"我问。

"这话什么意思？"

"呃，很多夫妇都有钱的问题、孩子的麻烦、沟通困难、性生活乏味……甚至是双方父母的问题。可是，你们这些方面都没问题，所以——"

"呃，性生活还能更好点儿呢，至少可以再频繁点儿。"

"噢，别发牢骚了。"我笑了，"我想说的是，那些夫妇在生活中遇到了各种各样的问题，根本没机会意识到自己会觉得无聊。而你呢，生活一帆风顺：你腰缠万贯，有完美的太太，跟孩子们的关系也好——"

"是年轻人，"他纠正了我的说法，"他们不想被叫作孩子。"

"我觉得听起来怪怪的：你好，贾马尔，你太太和年轻人怎么样？话说回来，没有特别大的压力源能分散你的注意力。所以，你发现自己觉得无聊了。"

"我还真是走运啊。"贾马尔一脸讽刺，"那我能做点儿什么呢？我甚至不愿承认我厌倦了梅薇斯——听我这么说，她会心碎的。"

"首先，你用不着把这想成是梅薇斯的事。"

"嗯，你说得对，但我们能做点儿什么呢？一起外出旅行……玩极限运动……做陶艺……上舞蹈课……"

"我做的这一行又不是给人提建议的。"我告诉他。

"得了吧，你都下班了。"

"我做的这一行也不是给朋友提建议的，就算是他们付钱买酒也不行。"我又啜了一小口麦酒，"不过，我可以告诉你，我什么时候会觉得无聊——就是我没创意的时候。"

"我刚才不是提到了做陶艺吗？"贾马尔提醒我。

"那肯定会是个创意大挑战。"我笑着说，毕竟，这家伙连纸飞机都折不好，"就像我刚刚说的，我把感到无聊视为一个机会，让你别再偷懒，变勤快点儿，做点儿有创意、有趣味、有挑战性的事。你选择做的事可能会让你们的关系更上一层楼。就算你不是跟梅薇斯一起做，也能给你们的婚姻带来新能量。"

"那么，你是建议我做点儿有创意的事喽？"

"我可没建议你做任何事。"

"在我听起来，这很像是建议啊。"贾马尔揶揄道。我选择无视他。

"感到无聊还给了你一个机会，让你审视自己的人生：你是谁？你为什么在这里？你人生的目标或者任务是什么？当我对自己提出这些艰难的问题，深入内心寻找答案的时候，就再也不会感到无聊了。一场全新的冒险开始了——那是一场永无止境的冒险。"

"我能看得出，你说的第一点对我们的关系有帮助。"贾马尔承认，"来点儿创意会对我和梅薇斯有好处。但我不明白探索内心有什么用，这不会让我离她越来越远吗？"

"也许你是真不明白亲密关系的目的，"我说，"但也许你也不需要关注这个。"我揶揄道，"毕竟，这只适合成年人。"

****

话题 # 26：倦怠

这个话题建议你直面亲密关系中的倦怠感。如果你没意识到自己觉得无聊了，不妨看一看你平时需要多少种消遣方式。你用了多少东西让自己保持兴奋？比如，电脑、工作、美食、酒精或者别的发泄方式。相比之下，你有多少次是仅仅通过与伴侣心意相通，或是忙于创意活动，就感到兴奋不已？我们倾向于认为倦怠是一种不安、不适的心理状态，源于被单调、乏味的环境限制。事实上，倦怠感是在压抑某种富于激情的能量。如果把这些能量释放出来，激情与创意的浪潮就会将倦怠感一扫而光。

倦怠感使你处于依赖状态，等待外人、外物为自己提供出路。摆脱倦怠感有98%在于第一步——促使自己付出，或是让自己想要付出。

指导建议

想要唤醒你内心热情如火、富于创意的天才，就必须向你的直觉和想象力求助。这两个要素相结合，将为你打开充满无限可能的大门。但请记住，你的创意冲动常常会促使你迈向不敢走的方向。这个时候，你也许会意识到，倦怠感其实是在表达你对自身创意的恐惧。

选择1：列出你一直想要尝试，但又犹豫着没去做的前十项活动（近年来，这被称为"遗愿清单"）。在清单正上方写下你希望和伴侣一起进行的活动或消遣。它们需要你充分发挥创意，展示你冒险的一面。列好十大清单后，去找你的伴侣，让对方选择他准备好去试的那一个。等你选定了一项活动，就一步步克服内心的恐惧，把它变成让你兴奋的源泉吧。

就算伴侣不想跟你一起做，你也可以独自进行。如果动力源自你的内心，那就追随你的灵感来源吧。这将丰富你和伴侣的关系，加深你们之间的联系。

选择2：尝试情感冒险，打破固有模式，用全新的方式向伴侣表达爱意。这将充分展示你对伴侣的欣赏，同时展现出你风趣、有创意的一面。采取这样充满创意的步骤，事先不可能知道能否得偿所愿。这会让你摆脱倦怠感，对伴侣充满激情。如果你对这么做的结果不报任何期望，而且本意是好的，那么倦怠感很快就会消失无踪。

投射：学会接纳自己的侧面

你越是走近伴侣，就越能看清自己。

"我读了一本讲投射效应的书，我觉得桑杰把他爸的很多问题都投射到我身上了。"苏珊说。

"我不太懂。"我表示。

"她找到了一种批评我的新方式。"桑杰提出。

"瞧见了吗？他又这样了！他爸总是批评他，所以每次我说出对他的看法，他都觉得我是在批评他。"

"呃，我想这是个不错的理论。"我谨慎地表示，"但我不确定这个说法是不是百分之百正确，至少你说的跟我理解的不大一样。"

"你知道投射效应的，对吧？"

"嗯，知道一点儿。"

"如果我们不喜欢自己的哪个方面，就会否认自己有那个方面，并把它投射到身边的人，尤其是伴侣身上。至少我读的那本书是这么说的。"

"还是跟我理解的不大一样。我们来一步一步地看看你举的例子，好吗？你们俩都觉得没问题吧？"他们俩都点了点头，"第一步，苏珊说出对桑杰的看法——也许是针对他的做法、态度或外表。第二步，桑杰将苏珊的看法解读成批评，就像他老爸会做的那样。第三步，苏珊坚持自己没有批评桑杰，只是在陈述看法。第四步，她认为桑杰把他老爸的行为投射到了她身上。第五步，桑杰把苏珊的这个回应视为批评。第六步，苏珊说桑杰又把他老爸投射到了她身上，就这么循环往复……我描述的准确吗？"

"我觉得挺准确的。"桑杰表示赞同。

"也许有点儿太准确了。"苏珊的脸微微有些发红。

"那么，苏珊，我有两个问题要问你。第一个问题：桑杰被他爸批评的时候，他把谁投射到了他爸身上？第二个问题：桑杰指责你批评他的时候，你又把谁投射到了他身上？"

"噢，该死，现在我真的被绕糊涂了。"苏珊痛苦地双手抱头。

"我不想深入讨论'投射'这个问题，所以会尽量说得简单点儿。据我了解，你从伴侣身上感知到的一切，无论好坏，都是你自身想法的展现，是你投射到外界的。如果你没起那个念头，就不会看到它。"

"所以说，桑杰觉得我在批评他的时候，他投射的是他的……"

"他内心的批评家。"我帮她补完了后半句。

"我叫苏珊别再批评我的时候，她看到的是……"

"她内心的受害者。"

"但如果她是真在批评我呢？"桑杰问。

"她是在大声呼救。"

"哇！这个说法是从哪儿冒出来的？"苏珊大喊。

"人不开心的时候才会批评别人。不开心是我们脆弱的一面，所以当你受批评的时候，你内心会受到伤害。我们脆弱的一面总在大声疾呼，寻求帮助。如果桑杰能跳出对自己内心迫害者的投射，就能看出自己的伴侣只是不开心。"

"这也是一种投射，对吧？"苏珊总结道。

"没错。"

"嘿，我熟能生巧了呢！"她欢呼起来，跟我和桑杰击掌相庆。

"好吧，现在我能看出苏珊受了伤，也能接受这是我的投射，那接下来呢？我该怎么做？"

"你可以意识到自己的感受，然后开始'走过程'。"

"什么？女友在对我'狂轰滥炸'，我却得静静地坐着，体会自己的感受？我可不这么认为！这不可能！"

"没有去做，不代表就不可能做到。"

"这个时候，我该怎么做？"苏珊问。

"什么也不做。"

"噢，所以什么都得我来做。"桑杰连声抱怨，"我得做个好人，应对内心的感受，她却可以尽情享受。真是棒极了！"

"我倒觉得听起来挺不错的！"苏珊开心地说。

"我说的是，她什么也不该做。我不是说过我是怎么看'应该'这两个字的吗？"

"对呀，对呀，"苏珊不屑地回答，"你不大喜欢它，对它没感觉，对它不感兴趣，等等。"

"对于一个信天主教的姑娘来说，你还真是挺口无遮拦的啊。"我开玩笑说，"总之一句话，桑杰，让苏珊做她那个时候需要做的事。你可以试图改变她或控制她，但那就像跳到电影院的银幕前面，试图改变银幕上演员的一举一动。直接转身去放映室会容易得多。想一想，等你对自己脆弱的一面做出回应，走完过程，会把什么东西投射到苏珊身上？"

"平静。"过了一会儿，桑杰微笑着说。

****

话题#27：投射

有一种说法是，所有的感知都是你内心动态和过程的投射。因此，无论你从伴侣身上看到了什么，那都是你自己的一部分。你可能并不赞同这个说法。你会看着伴侣的做法，一口咬定："我才不会这么做呢！"然而，投射更多涉及一个人表达的态度或感受，而不是实际行为本身。因此，尽管你也许永远不会像他那么做，但引起这种行为的东西却一直深藏在你内心。你的伴侣可能会在公共场所口无遮拦，说出你永远不会公开说的话，但也许你内心也存在这种妄加评判的倾向。你觉得自己的做法比伴侣的做法好，只不过是试图否认自己不讨喜的一面。当你将伴侣和其他人视为自己的投射时，就会提升意识，走向成熟。通过接纳这种投射，你可以收回自己的一部分。一旦两者结合，投射就会变成宝贵的馈赠。

指导建议

回答下列问题。这个练习会带你通过一系列步骤,接纳自己的投射,将它们融入你的内心。

1. 描述你不喜欢伴侣的某种行为:＿＿＿＿＿＿＿。

2. 你认为这种行为背后的态度是什么？（例如，批评、控制、操纵、黏人、不支持、争强好胜、不知感恩、漠不关心、不在乎、不信任、怀疑、妄加评判等）＿＿＿＿＿＿＿

3. 你是否发现自己也有同样的态度，只是表达方式不一样？

4. 这种态度受到哪种基础情绪的影响？（例如，一无是处、对受重视和归属感的需求、不安全感、被遗弃感、昔日的心碎、焦虑、恐惧等）＿＿＿＿＿＿＿

5. 你是否发现这种情绪也在影响自己？

6. 重复第1到第5步，至少重复三遍，直到你觉得自己完成了练习。

做完上述练习，直到你觉得满意后，重新审视每种态度和情绪对你的影响，向自己或别人描述你的内在感受。在生活中，无论你是怎么以与伴侣不同的方式表达出来的，局限性都是一样的。你的伴侣只不过比你表达得更直接罢了。你可能会抑制自己较为"消极"的本性，或者用不太明显的方式表达出来——你觉得这样比伴侣的做法好。但当你意识到自己也有同样的特点时，就会跟你过去否认的特质重新合二为一。

现在，找个舒服的姿势坐下，闭上双眼。想象你的伴侣就站在你面前，用你觉得难以接受的方式做事或盯着你看。坚持十五到三十秒。然后，想象你的伴侣转过身，背朝着你，慢慢后退，坐下来，与你合二为一。体会、感受或想象伴侣和他的态度与情绪完全融入你的内心。在融合的过程中，充分地接纳它们。

　　如果有时间的话，你不妨多做几遍这个练习，每次针对伴侣的不同侧面——只要是你觉得不对或不恰当的方面都行。最初，与自己的投射合二为一会让你觉得不舒服。但当你学会接纳自己的这些侧面后，就会变得更爱自己。你越爱自己，在亲密关系中能与对方分享的爱就越多。最后，通过接纳你投射到伴侣身上的那些侧面，对方可以卸下重担，不再受你的想法攻击，你们之间的隔阂也会消失。与自己的投射合二为一时，你会意识到这是一份馈赠。它会进一步揭示你的本质。

道歉：与原谅无关

任何人都可以说"对不起"，但只有成年人才能真正道歉。

布拉德来找我的时候，正与珍妮特处于一场权力斗争之中。这场斗争与金钱有关。幸亏有前几次咨询做铺垫，他们都知道结束战斗的最佳方式是直面自己的不适感，而不是沉湎于批评和指责，让伴侣为自己的痛苦负责。现在，他们面临的挑战是将这一认识转化为相符的反应。

"我们的进展真的很不错，教练，可这次完全是我的错，她都不想跟我说话了。"布拉德一脸沮丧。他和一个朋友拿了一大笔钱去做投资，这个决定从两方面看都很不明智：首先，投资失败了，他所有的钱都打了水漂；其次，他没有跟珍妮特商量，就从他俩的联合账户中取走了钱，甚至都没知会她一声。"我又不是背着她出了轨，但她那副模样就像我真出轨了似的。"

"不管具体情况怎么样，背叛就是背叛。"我评论说，"这属于看起来'一边倒'的情况。她扮演受害者，你则成了恶人。你是怎么处理的？"

"我对她说了无数遍'对不起'。我承认那是个愚蠢的错误，我感觉糟透了，一定会好好弥补她，可她一直冲我大发脾气。"

"你是怎么说'对不起'的？"

"我刚才不是说了吗——'对不起……我真的很抱歉'。要不然还能怎么说？"

"你具体是怎么说的？"

"用嘴说的呗。"布拉德火了。

"不，我的意思是源自哪里。是源自你的防御机制、你脆弱的一面，还是你的内心深处？我想问的是，你对她说话的时候，有没有竖起心防？"

"我也不知该怎么回答。我为我做的事感到抱歉，所以才对她说'对不起'。"

"人们有时候会说'对不起'，以为这三个字是万灵药，能让所有糟糕的感觉统统消失。你说'对不起'，她就该原谅你，把一切抛在脑后，好好跟你过日子，就像什么事都没发生过一样。"

"对呀，"布拉德回答，"理想情况是这样的。我是说，为了让她感觉好起来，我还能做些什么呢？"

"关键不在于让她感觉好起来。很多人都认为，夫妻的职责就是让对方开心。"

"总比让对方不开心好吧。"

"让她开心，让她不开心……布拉德，你说的其实是操纵。你说'对不起'，有可能是为了操纵她，让她感觉好起来。如果是这样的话，你就在试图扭转她情绪的同时，也竖起了心防保护自己。我们还是撇开这些操纵和心防，直接说最关键的一点吧：你到底有什么感觉？"

"我感觉就像个他妈的废柴！"他大吼。

"那你为此做了什么？"

"什么也没做，"他的声音变小了，显得更沮丧了，"这是对我伤害珍妮特的惩罚。"

"这还是你的心防在说话，"我温和地说，"请你站起来一下好吗？"令人惊讶的是，他没有让我做任何解释，就从椅子上"腾"地站了起来，"现在，想象你站在珍妮特面前，体会那种挫败感。你会用什么样的姿势站着？"他双脚微微分开，双臂抱胸，垂下脑袋。

"今天早上，珍妮特冲我发脾气的时候，我就是这副模样。"他伤心地告诉我。

"呃，这是个不错的道歉姿势。现在，让我们来试试别的。双手放在身体两侧，抬起头来，继续体会那种挫败感。然后，闭上眼睛，想象珍妮特站在你面前，一副遭到背叛的样子，脸上写满责备。"

"这他妈也太难了！"他大喊，"我只想找条缝钻进去。"

"尽力就好——不要抱任何期望。金钱危机已经让你觉得自己很失败了，珍妮特受伤的表情又强调了这一点。请充分感受这一切。真正的道歉是不带任何防备的，也不求从伴侣那里得到什么。道歉是很纯粹的、赤裸裸的。"

****

话题 # 28：道歉

在某些场合，你说的话或做的事似乎伤害了你的伴侣。如果你不承认自己的言行举止有错，而是捍卫自己的做法，或给自己的行为找借口，就会加剧给对方造成的伤害。你这么做是因为不想面对自己的负罪感。这么一来，你的防备或理性否认就在你们双方之间筑起了一道高墙。权力斗争通常都是由怨恨、复仇和报复引发并因此加剧的。

如果你不想陷入恶战，也可以考虑拆除高墙，伸出橄榄枝。这个时候，道歉就能派上用场了——但我说的不是那种许多人用来操纵对方、为了结束冲突或紧张局势的道歉。真正有效的道歉能帮你意识到：（1）你体会到的负罪感；（2）你背负的伤痛或需求才是恶行的根源。

当我们试图逃避自己的痛苦时，就会把它们投射到外界，通常是投向身边最亲近的人。当你以伤人的方式对待伴侣时，你肯定是不愉快的，而且这种不愉快早在你出口伤人之前就存在了。

指导建议

回想你最近一次用言行伤害伴侣的情形，将下列句子补充完整。请记住，如果你不知该怎么回答，就充分发挥直觉和想象力吧。

1．我最近一次伤害伴侣的时候，做了（没做、说的是）_____。

2．回想自己当时的做法，我感到_____（例如，负罪感、伤心、羞愧等）。

3．我在那样做之前就（有意识或无意识）体会到的不适感是_____（例如，一无是处、被人抛弃、失望、失败、微不足道、没有人要、无力、无助等）。

当你觉得准备好以后，走近你的伴侣，为你说的话或做的事道歉。告诉对方你当时的感受，确保你说的话与内心体验保持一致。最重要的是，当你迈出这一步的时候，不要期望伴侣原谅你，也不要指望他做出热情的回应。事实上，你的道歉可能会翻出一些旧账。对方也许会在一段时间内火冒三丈或闷闷不乐，所以要准备好直面伴侣的反应，而不要竖起心防。否则，你就是在把道歉当作消除自身负罪感、操纵对方的手段。这么做是可以理解的，很多人都在用道歉达到类似的目的。但是，这么做没法帮你直面自己脆弱的一面。如果意识不到自己的负罪感和昔日的痛苦，你就无法走近伴侣，也就看不见自己真正的力量——这种力量藏在人性脆弱的一面里。

道歉与得到原谅无关，只是帮你面对并接受你大半辈子都在压抑、回避的东西。那才是通往真正自由的大门。

注意事项

亲密关系中有一样东西常常被人忽视，那就是"无心的伤害"。例如，你说的话或做的事伤害了你的伴侣，但你觉得完全是偶然的，而且自己是无意的。这种事包罗万象，从打开橱柜门时不小心撞了伴侣的脑袋，到忘记结婚纪念日或忘记他期待跟你一起庆祝的特殊节日。你的伴侣可能会反应过激、火冒三丈、拼命数落你，导致你竖起心防，确信自己是无辜的。如果你能把直面内心深处的负罪感放在第一位，接受并意识到自己的这种感受，最终就能体会到自己的无辜，而不用费尽力气试图证明这一点！

承诺：给予对方无条件的爱

在许下承诺之前，什么事都不会发生。

"我想我得搬出去了。"伊玲在我对面的椅子上坐下，"他基本不跟我说话，把他的东西都搬进了客卧。我问他为什么不干脆搬出去，但他什么也不肯说。于是，我告诉他我希望他离开，但他还是一句话也不说！这种状态实在令人太难受、太痛苦了。"泪水顺着她的脸颊缓缓流下。

"为什么你不搬出去？"

"那是我的房子。"她解释说，"呃，其实是我们的房子，但抵押贷款是在我名下。"

"你待着没走只是因为这个？"从贾森突然离开工作坊那天算起，已经过去差不多六个月了。从那天起，他就拒绝讨论他的一举一动，拒绝解释他为什么不想跟伊玲说话，拒绝说明他为什么不努力改善他们的婚姻和生活状况。

"呃，我们毕竟结了婚。我不想背弃我许下的誓言。我相信婚姻是一辈子的事。"

"你到底是对什么许下的誓言？"我问。

"呃……你懂的……就是他嘛！我对他许下了誓言，对婚姻许下了誓言。"伊玲说道，似乎这一点是显而易见的。

"那你就必须留下，对吧？"

"呃，我应该留下，找出解决的办法。这才是婚姻的关键，不是吗？"

"你是说，就像你父母的婚姻？"

"对，只是他们都不试着解决问题。他们只是不跟彼此说话，继续住在同一个屋檐底下。但至少他们没离婚！"

"在你心目中，许下承诺就是这个意思？一辈子跟另一个人绑在一起？"

"对！"她略带挑衅地说，"如果这就是需要付出的代价，我愿意。"她紧握双拳，脸涨得通红。

"好吧，"我答道，"在我听起来，你自愿被锁进大牢。在我心目中，承诺的意思完全不一样。"

"那它对你来说意味着什么？"

"意味着承诺满足自己追求自由的渴望，"我解释说，"我们所有的承诺都是对自己许的，而不是对某个人或其他人许的。如果你打算留在你的房子里，等着贾森继续无视你，那就留下吧，因为这有助于你成长。它会帮你直面自己信念的局限和一无是处的感觉，但这么做不是为了让你用这些感受折磨自己。留下来能帮你学会超越它们！"

"但被人这么对待实在太痛苦了！就像你说的，他完全无视我，就像我一点儿价值都没有似的。"

"亲密关系中确实会发生这种事。有些伴侣会无视对方，有些会指责对方，有些会批评对方……在亲密关系中很容易迷失方向，浪费好多年时间对伴侣的一言一行做出反应。承诺是你的指南针，能帮你记住你想去的方向。"

"什么方向？"

"向前，"我回答说，"永远是向前。超越你的信念和局限……超越感觉的幻象……超越你一个人能走到的距离。不然的话，你做事、说话甚至思考都会掉进习惯模式的怪圈。"

"那么，你觉得我应该留下？"

"我不大喜欢——"

"'应该'这个说法！我老是忘记。"她笑了起来，靠回椅背，"那你觉得我离开也没关系喽？"

"离开还是留下，完全取决于你。我关注的是这么做的目的。如果你留下的目的是坚持某些空想，要把承诺变成一辈子受罪……呃，我可没法支持你。这么做一点儿都不明智。但如果你的目的是学习走向情绪成年，或者认识真实的自我，那么选择留下还是离开并不重要，关键在于你这么做的目的。"

"所以说，你不会给我提建议，告诉我怎么选更好喽？"她半开玩笑地问。

"你想要建议？对真理许下承诺。承诺走向情绪成年。伊玲，为了你自己好，承诺继续前进吧。"

****

话题 # 29：承诺

这个话题为你提供了一个机会，审视自己在亲密关系中许下的承诺有多么刻骨铭心，以及这份承诺是对什么人、什么东西许下的。很多人把"承诺"与"监禁"混为一谈，以为承诺就是至死不渝的长期许诺。但很少有人确信，自己能对某件东西许下一辈子的承诺。事实上，承诺与时间无关，只与"当下"有关。

有些人弄不清自己是对谁许下了承诺。我不建议你对伴侣许下承诺，而是对自己的情绪和内在成长许下承诺。你对自己许下承诺之后，伴侣关系就能帮你在无条件的爱和真正的幸福中获得成长。然而，如果你没有对自身成长许下承诺，就会从有条件的爱和有条件的幸福出发，看待自己与伴侣的关系。例如，当你认可伴侣的做法时，你就会感到幸福，并深爱对方。当你不认同他的做法时，你就会感觉不幸福、不爱对方，或者说没有对方采取你认可的做法时那么爱他。

顾名思义，"有条件的爱"是指需要满足一定条件才能体验到你渴望的平静、喜乐。有条件的爱是暂时的——你对伴侣寄予厚望，希望对方以某种方式说话、做事。无条件的爱则能让你体验到爱的平静、喜乐——不管你周围的情况如何，也不管你身边人的行为方式如何。无条件的爱关注亲密关系的真正目的，而有条件的爱只关注满足你的个人需求。拿这两种选择做个比较，不断地提升你的意识，认识自己充满爱意、喜乐、平和的本性，这才是亲密关系中唯一值得许下承诺的。要向亲密关系的真正目的许下承诺，而不是向"无期徒刑"许下承诺。不过，这个承诺可能会持续终生。

指导建议

首先，你想在亲密关系中有何种体验，完全是由你自己决定的。请记住，你怎么选都没错。你是希望亲密关系帮你提升意识、了解自己的本质，还是希望满足自己对受重视的需求？如果你更喜欢后者，那就没必要遵循下面的指引，因为你已经对自己想要的关系许下承诺了。但如果你更愿意让亲密关系帮你在无条件的爱和真正的幸福中得到成长，那么以下步骤将帮你开启这一过程。

1. 想象一下有两个你，看起来一模一样。一个你想要感觉自己很重要、很特别，希望伴侣、孩子、工作和身边的其他人能让你感觉到自己特别。另一个你想要摆脱这些需求，想从内心找到幸福，体验真正无条件的爱。

2. 坐下来，闭上双眼。想象两个你都站在你面前。

3. 关注想靠外物满足自身需求的那个你，观察他脸上的表情。

4. 然后，关注想从内在体验无条件的爱和真正的幸福，无论外界环境和别人行为如何的那个你，观察他脸上的表情。

5. 来回看自己的这两个投影。分别看两个人的时候，关注你当时的感受。

6. 等你准备好以后，看着自己的这两部分越靠越近，直到融为一体。这个合二为一的人是什么模样？看到这个"你"的时候，你有什么感觉？

7. 这个人会选择在亲密关系中许下什么样的承诺？如果你愿意的话，可以让你的这个投影转身背对你，退后几步，坐下来，融入你的心中。注意这种融合给了你什么样的感受。

在内心深处，你一直在向自己许下承诺。

往昔的馈赠：每一段关系都给予你馈赠和教导

当你回首过去，只想说"谢谢"的时候，你就知道自己自由了。

"我想，我不愿向桑杰展示我脆弱的一面，有家庭的原因在。"苏珊说。

"跟你上学时的经历也有关系。"桑杰指出。

"对，"苏珊承认，"但如果家里人多给我一点儿支持，我想学校里的日子也不会那么难熬。"

"她爸是个彻头彻尾的神经病！"桑杰解释说。

"你之前提到过。"我回答，"这话是什么意思？"

"他是个暴君，"苏珊详细地解释，"有时候，他甚至会对我妈大打出手。我在家里总是如履薄冰，就像走在雷区一样，永远不知道下一次爆炸会是什么时候。"

"你父亲也挺暴力的，是吧，桑杰？"

"对，但他总是有理由。就像我之前说的，他没法容忍我的成绩单上出现'良'，或者我在寺庙里打瞌睡……总之，就是类似的。"

"听起来有点儿极端啊。"我说。

"我可没说他有很好的理由，但至少他觉得自己这么做是为了我好。可苏珊的老爸，要是不喜欢太太梳头的样子，就会突然大发脾气。他会说她声音太大了，然后抄起梳子揍她，追得她满屋子跑。"

"是真的。"苏珊向我确认了这一点，"哪怕他觉得家里吹来一阵风，他都会狠狠地揍我妈妈，不需要任何理由。"

"你觉得，如果你生在另一个家庭，或者父母更慈爱，就会过上更好的生活，感情生活也会更顺利吗？"

"如果只是生在另一个家庭，也许不会。"苏珊答道，"但如果父母更慈爱，我现在肯定会过上更好的生活，也会更信任桑杰。"

"那是过去的问题，"我轻声说，"你没法改变。"

"我看见有辆车的保险杠贴纸上写着：拥有幸福的童年，永远都不嫌晚。"桑杰评论道，"这让我想到，说不定换种方式看待父母，对童年——和自己——会有不同的看法。"

"我不知道能怎么换种方式看待暴脾气的老爸和神经质的老妈。"苏珊坚持说。

"也许你可以从接受他们的行为做起。"我提议。

"我已经接受了，可是——"

"'接受了，可是'这可不算接受。"我打断了她，"我不是说你应该接受他们的行为，也不是说这件事很容易办到，但为了指责他们的行为是错误的，你就得一直拒绝他们。拒绝某人的时候，你就对他合上了心扉，也就难以理解他们给你的馈赠和教导了。"

"什么馈赠？！"苏珊愤怒地大吼，泪水在眼眶里打转，"什么教导？学会随时担惊受怕？变得没有安全感？藏起来不让人看见？"她的口气变得十分哀怨，"学会不信任任何人？"

"接受不是发生在脑子里的。"见她两手捂脸，我便轻声说道。

"呃，我的心扉早就合上了。我没法接受他们，也没法接受过去的事。"

"也许有一天，你会做到的。当我们敞开心扉去接受的时候，就会有奇妙的事情发生。我们会开始用另一种眼光——没有被指责和怨恨遮蔽的眼光，看待过去拒绝的东西。我们会透过那些行为和防备，看清楚对方脆弱的一面，就像看清楚自己脆弱的一面一样。然后，我们会透过一直存在的表象，看清楚他们性格背后的东西。"

"你是说他们的灵性？"桑杰问，"他们的灵魂？"

我耸了耸肩："我也不知道那到底是什么。也许是所谓的灵性……或者灵魂……或者本质。就像你看透了另一个人的本性。你会看到他们的天赋、他们的才华……我也不知道，也许还有他们的灵光吧。"

"抱歉，这在我听来太虚幻了。"苏珊颇为反感，"在现实生活中，我父母从来没向我展示过灵光或者灵魂这样的东西。至于天赋，我只看见两个神经病互相折磨，害得我苦不堪言。"

"也许你说得对，苏珊，也许这全是虚幻得不着边际的废话。那你为什么不自己试试看呢？"

"好啊……怎么试？"

"闭上眼睛，想象你爸爸站在你面前，正在发脾气。"

"好的，"她同意了，闭上眼睛，"虽然我不大擅长想象。"

"尽你所能就好，重要的是意图。"

"好吧……我大概能看见他了。"她表示。

"很好。现在，想象你不带指责地观察他，用客观、中立的态度看待他。别着急，慢慢来。如果你能换种方式看待他，既不愤怒又不批评，请告诉我一声。"

苏珊沉默了整整五分钟，然后才开口。

"好了……我能看见他内心受尽了折磨，跟我们一样痛苦。"她又沉默了几分钟，"我还是能看见愤怒和暴力，但也看见了他的痛苦。"

"痛苦是他的错吗？"

"不，可是……不……他就像受了伤的动物，大声咆哮，冲全世界发脾气。他对人很防备，因为他受了伤。"

"试试你能不能看得更深入一点儿。在受伤之前，你爸爸看起来是什么样的？"苏珊又沉默了好几分钟才开口。

"我什么也看不到，但能感觉到某种……我也不知道，某种……存在。确切地说，不是人，但也不是东西；是我爸爸，但又不是我爸爸。感觉真是……好诡异。"

"你觉得这种存在有什么你熟悉的特征吗？也许在你爸爸没发脾气的时候，你瞄到过一两眼？"

"坚毅。"她沉默了几秒钟后说，"还有自立。奇妙的幽默感……还有激情，很多很多的激情……我真希望小时候能经常看到这些。想象它们从爸爸身上发散出来的时候，我觉得我真的很爱那个老家伙……也很欣赏他。"

"从现在起，你会经常看到这些的——从他和你的身上看到。"

****

话题 # 30：往昔的馈赠

享受亲密关系的关键在于，你能够接受伴侣给予你的东西——馈赠和教导，还有极具挑战性的试练。有时候，你在过去的关系中没得到的东西，会对目前的关系形成阻碍。请将过去的关系视为走向目前关系的踏脚石，记住每一段关系都会助你成长。当你学会感激过去的关系带给你的东西时，就能彻底接受它们，把它们变成你的一部分了。反过来，这又会帮你理解目前伴侣带给你的馈赠和教导。如果你在目前的关系中面临挑战，不妨运用过去关系给予你的馈赠和教导。但如果你没有真正收下那些馈赠和教导，在目前的关系中就会感觉还没有准备好。

指导建议

审视你生命中的每段重要关系，从父母一直到前任。把他们的名字写下来，在每个名字旁边写下你从他那里收到的最好的馈赠，以及从他身上学到的最重要的一课。你可能并不欣赏对方的授课方式，当时也没有意识到这些馈赠，但通过深入考察，你会发现生命给予你的每份馈赠，以及在每段关系中灵魂对你的教导。你会得到保证——爱永远不会离弃你。你写下的名单也许是这样的：

_____（人名）
重要的一课：_____
最好的馈赠：_____

写完名单后，再从头看一遍，从第一个人看到最后一个。从心底默默向每个人道谢，感谢他们给你的馈赠和教导。如果能通过明信片、电话、短信或面对面的形式跟他们取得联系，告知他们对你的生活有多大帮助，那会更好。通过欣赏这些馈赠，你将学会欣赏得到成长的自己。通过欣赏得到成长的自己，你会发现，在目前的关系中，你能给予对方的东西比你想象的多得多。当你发现自己有那么多东西能给予对方时，只要信任自己的本性和与生俱来的天赋与智慧，目前面临的任何问题都能迎刃而解。

痛苦时给予爱：消除痛苦最直接的方式

只要心脏还在跳动，你就能将爱给予对方。

我跟布拉德聊过他失败的投资后，又过了一个星期，布拉德和珍妮特一起来见我。珍妮特看起来很苦恼，布拉德则有些局促，一脸尴尬。

"我想我现在还是很震惊，"珍妮特承认，"我知道布拉德对他做的事很抱歉，我也没在生他的气了——呃，大概还有一点儿生气吧，但我没法抛开遭人背叛的感觉。"她拿纸巾抹了抹眼角。

"简直是心碎了一地，对吧？"我满怀同情地问。

"没错！"

"你有直面心碎的感觉吗？"

"我试过，但似乎就是迈不过那个坎，实在没法放下。"

"你是说，你没法放下你编的故事。"我提出。

"这不是我编的故事！"她激烈地反驳，就像我是在侮辱她，"这是事实——布拉德背着我做了明知我不会同意的事。我知道他的投资搭档的人品不好，也告诉过他，我不信任那个家伙。可他没听我的，把我们的积蓄全给了那家伙。这些全是事实！"

"珍妮特，我知道，我的话也许会让你觉得受了冒犯。但不管是不是事实，你刚刚告诉我的只是你编的故事。故事只是你背负痛苦、存放痛苦的地方。如果你能抛开那个故事，就能不带指责、不设心防地直面痛苦。你编的故事告诉你：你应该感到痛苦，你有权这么做，这种心碎的感觉是你不得不体验的。"

"但那都是实际发生的啊！"她一口咬定，还在抹眼泪，"要不然，我还能有什么感觉？"

"什么也没有了。"我安慰她。

"好吧，那么？"

"你什么时候才能不再感到心碎？"

"等我们把钱都拿回来，布拉德做出弥补之后。"

"那在此之前，你都得受罪喽？你说的不就是你编的故事吗？"

"我做的事永远没法弥补。"布拉德垂头丧气地说。

"你说得对，混蛋！"珍妮特厉声说，她虽然还流着泪，但突然大笑起来，"噢，该死！照刚才说的，我下半辈子都得受罪，对吧？"

"对，但你用不着这么做。"我说，"如果你能放开你身上发生的事，还有那种心碎一地的感觉，不带任何批评、责备、痛苦……或是你编的故事。但问题在于，你是想要自由，还是想要你编的受害者故事？"

"这是打比方，对吧？我当然想要自由了。但我怎么才能抛开我编的故事？"

"是放开，不是'抛开'。呃，你可以从给布拉德一些东西做起。"

"呃，教练……"布拉德插了一句，"她现在真的很恨我。"

"我不恨你。我只是真的很讨厌你。"

"你编的故事说，他是你痛苦的成因。通过给予他一些东西，就能让故事放松对你的控制。"

"但要给他什么呢？你是说送他礼物，还是给他准备大餐，还是跟他亲热？我现在就能告诉你，这绝对不可能！"

"感谢。"我简单地答道。

"你是在开玩笑吧？感谢什么？感谢我们被他害得破产了？"

"珍妮特，你内心聪明又成熟的那部分知道，他并不是你痛苦、心碎的原因。痛苦、心碎的感觉在你体内已经存在很久很久了。他的行为让你意识到了这一点，但责任不在他。你编的故事说他应该为此负责，但我能看得出，编故事的唯一目的是让你持续感到痛苦——毕竟，那是个受害者的故事。"

"好吧，那我怎么才能感谢他？尤其是我现在什么感觉都没有。"

"首先，你可以感谢他丰富了你的生活：他的关怀、他的体贴，也许还有他的幽默感……"

"这个我能做到。"她承认。

"然后，感谢他让你意识到了心碎的感觉。这样，你才能直面这种感觉，将它视为世间经历的一部分，充分地接纳它，走向情绪成年。珍妮特，我们内心深处都有心碎的感觉。在痛苦时感谢对方，就能夺回痛苦、心碎——还有你编的故事——对你的控制权。"

****

话题 # 31：痛苦时给予爱

这个话题让你有机会以全新的视角对痛苦做出回应。大多数情况下，痛苦会导致你退缩，离伴侣越来越远。你会缩进孤立状态，拒绝一切感受，咄咄逼人地把伴侣推开，指责是对方导致你感到痛苦，或是采取被动攻击的方式。通常来说，当亲密关系中出现痛苦的时候，是你把过去的痛苦带进了这段关系。因此，你的伴侣只是催化剂，而不是成因。事实上，他和你有着同样的痛苦，只是反应不同罢了。在感到痛苦时给予爱，这看似不可能做到，但它其实是消除双方痛苦最直截了当的方式。每个人生来就会用独特而原始的方式表达内心的爱。很少有比"痛苦时给予爱"更能让你看清这一点的。

指导建议

如果你感觉和伴侣之间有了隔阂，请问问自己，是什么感觉让你想与对方保持距离的。直觉会指引你找到最佳答案。隔阂通常源于一无是处、被人遗弃、失落和失望（有时候像是遭到背叛）的感觉，但你可能会体会到更深刻的感受，比如孤独、心碎、一无是处、缺少目标、嫉妒、绝望、无力和无助。生而为人有时是很痛苦的，但如果你能充分地意识到这种痛苦，向伴侣发出爱的信号，痛苦就会开始转化为爱。

即使痛苦让你无法动弹，你也能给予爱。想象你内心射出一束光，射进你的伴侣心中。你用不着"感觉像"在这么做。即使你心中还在拒绝爱，只要意识到这对你来说是最美好的事，灵魂就能引导你走完全过程。如果你的伴侣不在身边,那就闭上眼睛,让他的面孔浮现在你的脑海中。感受你内心对伴侣的赞赏,让这种赞赏不断扩展。如果你愿意的话,也可以用文字写下来。赞赏能转化痛苦,让你朝着有意识的亲密关系迈出新的一步。

嫉妒：邀请接纳和平静进入内心

嫉妒是一种痛苦，源于对特别感的渴求。

"我才没吃醋呢！"苏珊说什么也不承认，她一直在说，桑杰和妈妈的关系让她感觉不舒服，"我觉得，成年男人不该每天都给老妈打电话——尤其是他还跟女朋友住在一起。"

"我喜欢我妈。"桑杰解释说，"对我来说，她就像朋友。"

"这个也很怪。你都三十五岁了，桑杰，是时候放开老妈的围裙了。你不觉得吗？"

"你瞧瞧，这不是吃醋是什么？"他问我。

"可能是吧。"我表示同意，"她有这种感觉有错吗？"

"没错，但至少她可以承认吧。"

"也许她怕向你低头，怕被看成是弱势的一方。"

"我用不用先离开一会儿，你们再给我做精神分析？"苏珊忍不住插话。

"抱歉,"我转身看着她,"苏珊,如果你真的吃醋了,有什么理由不承认吗?"

"当然有。如果我承认的话,就会觉得低他一头。"

"如果我吃醋的话,我会承认的。"桑杰得意地表示。

"如果?我拥抱你朋友桑尼的时候,你简直要发飙了。"

"那不是普普通通的拥抱!那是特别亲密的拥抱。"

"我还能说什么呢?我拥抱别人的时候总是很热情。"苏珊乐呵呵地说。

"言归正传吧,我们现在讨论的是你。"桑杰大声说,试图找回优势地位。

"事实上,我们现在讨论的是你们俩。"我说,"在任何渴求特别感的关系中,嫉妒都是不可避免的。只要别人看似威胁到了你在这段关系中的特殊地位,你就会感到嫉妒。嫉妒是一种相当原始的感觉,源于对受重视和归属感的需求。"

"但我知道他不想跟他妈一起住,也不想跟她发生关系,"苏珊争辩说,"你不想的,对吧?"

"你脑子有病,你知道吗?"桑杰一脸厌恶地反驳。

我继续往下说。

"你和伴侣拥有某些特殊体验,或者想跟伴侣拥有某些特殊体验。如果别人看似跟你的伴侣有同样的体验,或者试图拥有这种体验,你就会感觉受到了威胁,同时也会失去归属感和受重视的感觉。桑杰看见苏珊拥抱桑尼,在那一刻觉得自己遭到了拒绝,显得一无是处。苏珊看见桑杰和他妈妈亲密交谈,在那一刻觉得自己遭到了拒绝,显得一无是处。"

愤怒、嫉妒、好胜心、被拒的感觉和原始需求，立刻统统涌进了你们的脑海。这也许是人类最剧烈的情感体验了。我们会嫉妒伴侣的朋友、家人、前任、宠物，甚至是他们的爱好或者工作。我们会嫉妒任何占据伴侣生活空间的人或物，只希望自己一个人统统包了。"

"我承认，苏珊以前跟闺密一起出去玩的时候，我觉得很不舒服——她比留在家陪我更开心。"

"我发现你说的是'以前'，桑杰。是不是说你现在已经不吃醋了？"

"呃……也许吧。"他躲躲闪闪地说。

"得了吧，亲爱的，"苏珊揶揄道，"我都坦白我吃你妈妈的醋了。"

"还没呢，你还没坦白呢。"

"好吧，我现在就坦白。我吃你妈妈的醋，还有你的前任，甚至你办公室里那个姑娘……随便哪个你可能更喜欢的人。还有，我嫉妒我姐姐，她跟老爸比我更亲近。还有我那个女同事，她比我更能吸引男人的关注……我还嫉妒连见都没见过的人！"

"这又没什么。"桑杰反驳，"我嫉妒你觉得特帅的电影明星，嫉妒那些希望跟你在一起的朋友，还有你那些床上功夫比我好得多的前任……我嫉妒办公室里那个天天被老板夸的 IT 男……光是想想这些事我都累惨了。嫉妒就像一种病——真希望能有解药！"

"生而为人，有解药吗？"我反问。

****

话题 # 32：嫉妒

这个话题指出了亲密关系乃至人生中最大的挑战。你也许会否认你在吃醋，或者在一定程度上意识到了这一点，正在寻找摆脱困境的方法。如果你否认自己在吃醋，就会在某种程度上疏远伴侣。因为，如果你靠近伴侣，就会意识到自己有多依附对方，多希望对方让你成为世界上最特别的人。在浪漫的幻想中，特别感被误认为是爱。当对特别感的需求处于支配地位时，只要你觉得伴侣给某人（有时是某物）的关注或爱意比给你的多，你就会备感痛苦，受尽折磨。难以战胜的嫉妒会激起好胜、仇恨、愤怒和需要，但嫉妒远比它们深刻得多。即使是大多数人伴随嫉妒而生的暴怒，其实也只是试图控制这种极端痛苦的感觉。

指导建议

如果你从来没有嫉妒过，那就没必要继续往下读了，除非你想为将来可能发生的事做准备。如果你目前面临的情况引起了嫉妒，或者你在过去有类似的经历，那么以下练习会帮助你以健康的方式做出回应。

1. 回想引起你嫉妒的事的细节。
2. 想象你体内充满嫉妒的感觉，让自己充分体验这种感觉。如果嫉妒看似比你的身体还要大，那就想象你的身体不断扩展，直到把嫉妒全部包容在内。
3. 把跟那件事有关的图景全都抛在一边，把注意力全放在身体的感受上。关注自己感受的核心在哪里，把意识引入那个核心。镇定、平静地观察它的能量，敞开心扉，接受自己的人类体验。保持敞开心扉的方法之一，就是想象你真正在乎的人。在脑海中映出那个人的模样，会有助于你保持敞开心扉。

4. 当你邀请接纳和平静进入嫉妒之心时，嫉妒就会渐渐消融，显露它背后隐藏的东西。

根据情况的严重程度和你的嫉妒程度，你也许觉得有必要把这个练习多做几遍。每次做这个练习的时候，你的智慧、爱和成熟度都会得到成长。

如果你正在感受嫉妒，目前的状况又不适合冥想，不妨对看似导致你痛苦的人表达爱意，将嫉妒转化成爱。也许你会觉得这办不到，但朝这个方向做出任何努力（不管是奉献、赞赏、想象，还是选择爱的愿望）都会让嫉妒放松对你的控制，使你更接近自己的本质。

心意相通：在患难与共中感受爱

当两个人心意相通——无论是同甘苦还是共患难——爱总会在那里。

我跟贾马尔认识都快六十年了（我们小学一年级就认识了），但这是他第一次向我这个生命教练寻求专业上的帮助。我的意思是，这是他第一次跟我预约咨询时段，而不是在一轮轮啤酒攻势中抛出问题。他和太太梅薇斯坐在我对面，看起来很尴尬，也很不舒服。

"好吧，"贾马尔开口了，"我听了你的建议，开始寻找有创意的方式强化我们的关系，这就是为什么我们会坐在这里。顺便说一声，非常感谢啊！"他语带讽刺地补了一句。

"我没有给你任何建议，"我提醒他，"到底发生了什么事，让你预约了这次咨询？"

"他决定给我个惊喜，周末带我去犹他州滑雪，然后去纳帕参加品酒之旅。"梅薇斯答道，"我根本不知道他的计划。他偷偷地收拾好了行李，把所有东西放在车里，然后喊我跟他一起开车兜风。我们开到机场附近，我才意识到有事发生。"

"我还以为你讨厌雪呢。"我说。梅薇斯来自热带岛国牙买加，一直很受不了加拿大的寒冬。"你也害怕坐飞机，对吧？"

"怕死了！况且，我对葡萄酒过敏。"

"你瞧，我又不知道。"贾马尔不好意思地说。

"所有人都知道。"梅薇斯和我异口同声。

"这就是为什么我们来了这里。"她解释说，"从机场回家的路上，我们好好聊了聊。显然，他根本不明白我的感受。我告诉他，我对我们的关系很失望——他不知道我对葡萄酒过敏，也不知道我害怕坐飞机。你知道他说了什么吗？"

"我说'从什么时候开始的'，"贾马尔告诉我，"她说已经有四五年了。于是，我为自己不知道这个向她道歉。她说，她已经告诉过我好几次了，可是……我真的不知道，大概是忘了吧。"

"但这还不是关键。我再一次告诉他我很难过、很失望，他只是说了声'噢'，就一句话也不说了。然后，他扭开了车里的音响，仿佛谈话已经结束了。"

"我试着让她开心起来。不然，我还能怎么做？"

"呃，你可以跟她的感受建立联系。"我提议，"你可以跟她心意相通。"

"这话是什么意思？"

"也就是说，你可以认真倾听她所表达的感受，意识到你自己的感受，从而体会彼此的联系。"

"但要是我什么都没感觉到呢？就像有一天我们在吃早饭，她说觉得生活毫无意义，我——"

"你说真是太糟糕了,然后捏了捏我的肩膀,告诉我该给孩子们打电话了,因为这总能让我开心起来。"

"心意相通并不容易做到,阿贾。"我用他过去的昵称喊他,"真正的倾听需要花时间。这也就意味着,要打断你手头在做的事——放下你的手机、平板电脑或者别的什么东西,把注意力放在梅薇斯说的话上面,试图理解她所表达的感受。然后,意识到你内心同样的感受或情绪。"

"你在你的婚姻里就是这么做的吗?"他问。

"并不总是这样,只有我记得的时候会。"我承认,"我不是说这很容易做到。请记住,梅薇斯要读懂你的心意也很难,跟你一样难。"

"什么?"梅薇斯吃了一惊,"我一直是那个建立联系的人。我总是顺着他的意思来,配合他的心情,做他想做的事。但他满脑子想的都是:玩得开心就好,什么也别想太多。如果照他的意思来,整个世界会变成一个大乐园,谁也不会认真对待任何事。"

"如果照你的意思来,整个世界会变成一个大坟场,最重大的事件是下一场葬礼!"贾马尔反唇相讥。我大吃一惊,这是他们结婚三十年来我第一次见他俩拌嘴。

"建立联系最初可能是积极体验,也可能是消极体验,"我插话,"最终要在中心交会。"

"什么中心啊?"贾马尔问道,显然一肚子气。

"就是中心嘛,"我耸了耸肩,"你懂的——既不消极,也不积极,只是……"

"爱。"梅薇斯帮我补完了后半句。

****

话题 # 33：心意相通

这个话题表明你有机会看到，没有哪种体验需要你拒绝伴侣。建立联系就是跟你的伴侣感同身受。具体是通过倾听伴侣的说法，理解他在此时此刻的感受，然后意识到自己也有同样的感受。一旦双方意识到了同样的感受，两个人就会立刻产生亲密感。

如果你的伴侣深感痛苦，你却没有跟他感同身受，那就请问问自己，你是否在拒绝你的伴侣。也许你会发现他展现的行为令人反感，毫无吸引力，甚至很伤人。如果是这样的话，你就是在给自己的拒绝找理由，证明问题是对方造成的，而不是你。然而，不管你怎么找借口，某个跟你很亲近的人正在忍受痛苦，而伴随痛苦而来的是成长的机会。

如果你是唯一痛苦的人，你的伴侣却没有表现出同情，那么痛苦可能会让你产生负罪感，你会觉得自己不配得到伴侣爱意满满的支持。无论是上述哪种情况，你都是在分担同一种恐惧——对共同面对痛苦的恐惧。但事实上，你拥有在患难与共中感受爱的绝佳机会，只不过你以为那里只有痛苦或恐惧罢了。亲密关系互动给我们上的重要一课就是，痛苦同样是爱意交会之处。

指导建议

感到痛苦的那个人是在为双方"走过程"。

选项 1：如果你的伴侣感到痛苦，请采取以下步骤：

（1）尽可能不要对他的一举一动做出回应，而要努力体会导致他这种行为的感受。如果你的伴侣愿意聊一聊，那你会比较容易理解他的感受。如果你的伴侣表现出愤怒、悲伤或焦虑，请记住，这些都是对更深层感受的情绪反应。因此，请设法理解对方最深层的感受。如果你的伴侣不愿意表达不适感，你的直觉会为你提供指引——前提是你愿意相信它。

（2）弄清对方的关键感受是什么之后，回想自己有同样感受的时刻，让那段经历重新浮现在眼前。注意自己身体有哪个部位感到不适，关注那个部位。

（3）表达你的感受。如果你的伴侣承认有类似的经历，请继续跟他一起去感受，敞开心扉。

（4）如果过了一段时间，你的伴侣表达出了某种更深刻、更痛苦的感受，那就从你内心寻找同样的感受，再次跟对方建立联系，给予对方爱意满满的支持和同情。你不用做任何事去应对那种痛苦。时刻意识到那种痛苦，跟你的伴侣建立联系。痛苦是分离的结果。当你与某人建立联系时，分离就结束了，剩下的只有爱。

选项2：如果你感觉到痛苦，你的伴侣却没有表现出支持，那么很有可能他比你更痛苦，只是在否认而已。如果是这样的话，你可以选择：

留驻在自己心中，敞开心扉，邀请不适感进入。待在那个安静的空间，把门敞开，等你的伴侣准备好了再跟你建立联系。

即使你仍然处于否认的麻痹状态，也请离开痛苦之处，跟伴侣建立联系。当你和你的挚爱建立联系后，爱就会消除一切阴影。

最好不要给建立联系的过程设时限。等你感到平静的时候，就知道自己走完了全过程。

下一步：为生活创造新的机会

下一步总是朝着同样的方向——超乎你想象的地方。

我指导贾马尔和梅薇斯做了一些建立联系的练习后，贾马尔看起来似乎想说点儿什么。

"说吧，阿贾，有话就直说吧，"我怂恿他，"你坐在那里扭来扭去的，就像屁股上长了痔疮似的。"

"我没事……我真的不喜欢聊这些玩意儿。我们婚姻美满，儿女成才，钱够花，身体也健康，还有什么可抱怨的？还有什么可不开心的？"

"是你说你觉得无聊。"我提醒他。

"无聊，是的，但不痛苦。我真的不想看到梅薇斯不开心。现在，我意识到，我一直在否认眼前发生的事，否认这件事很严重，想尽一切办法阻止它出现在我脑海里。"

"最叫人吃惊的是，你现在才意识到！"梅薇斯评论说。

"好吧，但你从来没有真的让我注意到你。我还记得你经常叹气，但你从来没有坚持让我听你说。"

"对，我不想搞出麻烦，给你阳光灿烂的日子蒙上阴影。我为自己不开心产生负罪感，觉得是我不知感恩。就像你说的，我们的日子过得很不错。我觉得自己没资格感到不开心。"

"你和贾马尔同样开心，也同样不开心。只是阿贾否认他的感受，你却纠结于你的感受。"

"但他总是那么积极。"她还在坚持。

"积极不是开心。"我答道，"当然，如果在感觉消极和感觉积极之间做选择，几乎所有人都会选择积极。但是，积极之路也会跟消极之路一样让你陷入泥潭。体会不适感的好处在于，你会更容易辨别生活提供的机会。"

"什么机会？"

"迈出下一步的机会。有些时候，我会通过顿悟或所谓的'灵性启示'或'醍醐灌顶'实现情绪或意识上的成长。但我学到的大部分东西都源于直面自己脆弱的一面：恐惧、旧伤、局限性、不安全感等。下一步可能会以'奇思妙想'的形式出现，就像贾马尔想出的点子，然后再以不适感的形式出现，就像梅薇斯抵达机场时那样。在每段亲密关系中，一方展示了迈出下一步的模样，另一方则展示了对下一步的恐惧。"

"所以说，如果梅薇斯愿意直面对飞行的恐惧，我们现在就会在犹他州了。"贾马尔做了总结。

"或者说，如果你愿意直面对自身弱点的恐惧，对梅薇斯的痛苦感同身受，你们就会在别的什么地方，而不是在我的办公室里了。"

"我的下一步看起来比她的有意思多了。"贾马尔闷闷不乐地说。

"从外表看，也许是吧。但我说到'成长'的时候，指的是情绪上的成长，迈向情绪成年。直面对肢体痛苦的恐惧也许是一种方法，但掌控情绪并直面信念更重要。别忘了，阿贾，你来这里是为了摆脱你的倦怠感。倦怠带来的不适感促使你去冒险。人生的下一步永远是冒险。有些时候，你可以选择自己的下一步；有些时候，你会受某些神秘因素的影响；还有些时候，伴侣会向你展示下一步该怎么走。"

"但我们怎么知道走的那一步对不对？"梅薇斯问。

"看它会把你们引向何方。"

"引向何方？"

"意想不到的地方，"我回答，"永远会超乎你的想象。"

****

话题 # 34：下一步

你可能意识到了，也可能还没意识到，自己亲密关系中的某个方面存在阻碍，还没想好要不要直面它带来的不适感。这种情况下，我们都想维持现状，而不是踏进未知的领域。也许你并不喜欢关系中的某些处境，也不喜欢关系停滞不前，但由于其他一切进展顺利，你宁可先把问题抛在一边不去管。无论具体情况如何，如果你内心难以平静，那就说明你受到了召唤，需要迈向你的伴侣，迈向你原本承诺的爱。没人能预测下一步会把你引向何方，但它肯定会让你更靠近伴侣——而这通常意味着迈向未知。

指导建议

在亲密关系中迈出下一步的关键是意愿和决心。你必须乐意让爱滋长，决心不退而求其次，在生活中打造前所未有的机会。你用不着"刻意"让某事发生，事实上，一门心思改变当下的处境完全是浪费时间，这么做只会阻止你的灵感涌现。你的意志和决心会开启世间普遍存在的能量。这些能量之所以存在，就是为了支持人们表达爱意。

请保持内心的平静，把注意力放在"走近伴侣"这个愿望上。你可能会发现，自己突然有了聊天的欲望，或是突然灵感勃发，建议跟对方"一起做点儿不同寻常的事"。某些情况下，你可能需要在情绪上冒点儿险。不过，如果你做出鲁莽行为或出现情绪反应，只会延长本该平稳过渡到深层关系的过程。你许下的承诺已经让你敞开心扉，愿意接受指引——请充分信任它，当天地万物或直觉发出信号时，时刻准备好做出反应。

这个过程中有一个秘密：当你愿意并决心迈出下一步时，生活其实也向你迈出了一步！它会呈现为某种创造性、启发性或直觉性的金点子，引导你的行为，带领你向前迈进，或者呈现为突然出现在你生活中的绝佳机会。

牺牲：出于爱去行动

只有自由而真挚地给予爱，才能自由而真挚地接受爱。

"什么都没变，"伊玲还没脱下外套就大声宣布，"只是他现在根本不跟我说话了，"她继续说道，重重地坐在沙发上，"就连房子的事和他的工作时间也不说了。他只是在家里随处给我留字条，有时甚至会给我发邮件、发短信！他人就在厨房里，离我才几米远，还要发短信告诉我家里的鸡蛋不够了——我觉得他脑子有毛病！"

"你是怎么处理这种情况的？"我轻声问道。

"我觉得活像下了地狱。现在，我包干了几乎所有的家务，关注家里的财务状况，还要做饭。我会在料理台上给他留一盘吃的，他会走过来，把盘子端回他的房间吃。"

"他真的一句话也不说？"

"对啊。噢，他给我留了一张便条，贴在我放盘子的地方，上面写着

'谢谢'。我真的很火大，就写了：'什么，没小费？'第二天早上，我走进厨房，看见他给我留了言：'少放点儿盐。'我不介意分担家务和做饭，但有点儿觉得自己被利用了。我越来越恨他了。"

"是什么让你坚持下来的？"

"我也想过这个问题，似乎有两个原因：一是我希望他最终会看清我是个好人，也是个好太太，然后就会从窝里钻出来，重新开始欣赏我；二是我这辈子都是这么做的。每当家里发生不愉快的事——通常是我父母闹矛盾，我就会开始打扫卫生，帮忙做饭。"

"如果你停下来不做了，你觉得会发生什么事？"

"我从来没有停下来过。我现在还在做同样的事。"

"对，但请想象一下，如果你停下来，会发生什么事？"

"我也不知道……我大概会感觉糟透了，就像我做错了什么事，或者是变成了坏人。这真的说不通啊——我又没做错事。"

"负罪感不是理性的，而是感性的。"我告诉她，"你用不着做坏事，只需要感觉很糟糕，然后就会试图通过做好事加以弥补。这能在一段时间内减轻负罪感，但最终它还是会卷土重来。你看到贾森脸上冷漠甚至是拒绝的表情，感觉很糟糕，就像你看见父母不开心一样。"

"对啊！"伊玲惊呼，"我感觉就像跟父母同住的时候一样！"

"而且，你也以同样的方式弥补——做饭和搞卫生。你做好事是为了让情况好起来。等情况好起来时，每个人都会开开心心的，你就不会感觉糟透了——这就是所谓的'牺牲的逻辑'。通常情况下，这么做无法带来你想要的结果——就算能带来，也无法持久。下一回你无缘无故地产生负罪感时，又会开始扮演牺牲者的角色，做同样吃力不讨好的事，最终怨恨那些你为之牺牲的人。"

"但我总不能停下来，不做饭，也不做家务啊。"伊玲反驳道。

"就算这能帮你逃离以负罪感为基础的牺牲怪圈也不行？"

"但还有别的事啊，像是付账单、打扫院子……"

"贾森不是园艺师吗？"

"别让我说起这个话题。"她警告我，眼睛盯着地板，摇了摇头。

"关键在于你的意愿，伊玲。搞卫生不是一种牺牲，只是一种客观而中立的行为，你既可以觉得享受，又可以觉得受罪。这取决于促使你这么做的动机是什么。任何出于义务感或负罪感、不是心甘情愿去做的事，都是一种牺牲。你可以出于热情、喜悦或认同去做某件事。这会对你大有好处，跟出于弥补的心态去做很不一样。"

"那我要雇个清洁工打扫室内卫生，再找些人来打扫院子。"伊玲表示，"但我还是会做饭，因为我爱做饭——作为中国人，这流淌在我的血液里。"

"那贾森呢？"

"我也会给他做饭，但只在我真想这么做的时候。只是为了给予，而不是为了从他那里得到什么。我再也不等他了。我要开始直面自己，为自己着想。"

****

话题 # 35：牺牲

牺牲不是一种行为，而是一种内心体验。两个人在完全一致的环境下做同样的事，一个人也许会在牺牲中受尽煎熬，另一个人则会体验到无比的幸福。行为会带来什么样的体验，取决于促成这种行为的动机是什么。牺牲可以源于责任，也可以源于操纵。

当行为源于责任的时候，牺牲、奉献就是你在表达负罪感。这种行为模式也许可以追溯到童年时期，也就是你感觉自己不受欢迎或没人要的时候。你得出的结论是，这是因为你做错了什么，或者你是个坏孩子（负罪感是非理性的，并不需要有逻辑的理由）。随后，你决定做点儿"好事"弥补自己的过错，虽然你根本不想这么做。从那时开始，每次你产生负罪感，就会备感压力，觉得必须用某种方式为负罪感做出"弥补"。出于这个动机做事时，你根本没法享受做事的过程，只会在事后寻找回报，证明自己是个"好人"。

以牺牲为方式操纵别人，就是在试图满足自己对受重视和归属感的需求。需要感觉自己是特别的，这个过程其实一点儿也不舒服。因此，你必须等到自己的牺牲被别人注意、赞赏或认可。这会让你不那么享受自己的所作所为。无论是哪种牺牲，事后都会产生怨恨。

第三种牺牲是采取让自己不快的行为，但对你的身体、精神或情绪存续很有必要。不过，本章并不涉及这种牺牲。

指导建议

这个练习能帮你看清，你做出牺牲不是为了伴侣，而是试图避免直面自己的负罪感或是未满足的需求。

1. 我在做某件事，感觉像在做出牺牲，这件事是_____。
2. 如果我停止表现得像在做出牺牲，我会感觉到_____。

3. 我不想直面这种感觉，是因为我害怕_____。

当你感觉自己已经准备好的时候，在下一回掉进"牺牲"的怪圈时采取以下步骤：

1. 什么也不做。意识到防御机制的本能就是做出自卫反应，或是试图将自己的行为理性化，也就是证明你的所作所为是合理的。

2. 体会那种负罪感，将它完全融入你的意识。

3. 凭借直觉或想象力，将内心的负罪感想象成某种颜色。尽量放松，进入那种颜色的核心。

4. 只要能意识到负罪感，同时平静地观察它，它对你的控制力就会逐渐减弱。

另一选项：

破除"牺牲"怪圈的另一种方法是出于爱意去做事。无论你在做什么，都可以将自己的一举一动视为对伴侣的馈赠，从而将强化痛苦的无爱心态转化成满满的爱意。这会让你心中充满创意、喜乐和使命感，因为你知道这才是最合适自己的。

阴影人：学会去接受、去融合

谁知道人的心中藏着怎样的恶意？影子知道。

——沃尔特·B. 吉布森（美国演员、专业魔术师）

伊玲的咨询结束后，我有一种完成任务的满足感。教练和来访者常常会有这种感觉，觉得该是时候翻篇了。我以为再也不会见到她了。因此，当我在家附近的咖啡店碰见她时，我不禁大吃一惊。只见她容光焕发，面色红润，绝不仅仅是被秋日的凉风吹红的。

"你来这边干吗？"我问。我的住处靠近城里的大学，这边的住户大多是学生和教授。

"我在这边上学，"她开心地回答，"我是说，重返大学。我在读心理咨询的硕士学位。"

"哇，我以为你已经有硕士学位了。"

"对，我有工商管理硕士学位——还有设计方面的学位，但我们的咨询结束后，我对你的工作很感兴趣。"

"呃，我也不算心理咨询师啦。但我敢肯定，以你的脑子，肯定会轻松搞定。话说回来，你现在过得怎么样？"我不希望她觉得我太八卦，但真的很想了解她的婚姻现状。

"三个月前，我和贾森的关系有了转折。我当时已经放弃了，准备好了离开他。然后，有一天晚上，他突然从被窝里钻出来，开始跟我说话了！我是说，说出了他的心里话！"

"太棒了！"我欢呼起来，坦白说，我并没有那么惊讶，只是为她感到高兴，"你觉得转折点是什么？"

"那是我放弃做出牺牲，至少放弃了做很多事以后。我会做自己真正想做的事，直面出于弥补或'应该'心态做事时浮现的负罪感。相信我，那些步骤我走了很多次！当然，我和你最后一次见面也很有帮助。我过得不错，感觉很好，但他的一举一动还是会让我心烦意乱。我想到的不仅仅是他疏远我，还有我这些年来一直在忍受的东西。他吃东西的时候残渣掉进胡子里，他像树懒一样懒洋洋地摊在沙发上，还有他那讨厌的说话方式——前提是他真的开口说话了。那个时候，光是想到他，我都会犯恶心。我真的觉得他这家伙令人作呕。也就是那个时候，我开始计划离开他。光是看见他从被窝里钻出来，给自己做个恶心的三明治，我都会想吐。"

"啊，这么说，你遇见了自己的阴影人。"

"对，"她表示同意，"我只顾盯着他糟糕的一面，甚至希望他死掉！我打算打电话给你，再约一次咨询，但某些东西阻止了我。我内心有个声音在问：'你的教练在这种情况下会怎么做？'然后，我想起了你在工作坊里提到的'投射'：我们批评别人身上的东西，其实自己身上也有。

起初，我没法接受这个念头：跟我同住的那个令人作呕的家伙其实就是我。我是说……"她不好意思地咯咯笑了起来，"我明明这么可爱！"

"后来发生了什么事？"我问。

她低头瞄了一眼手表。"噢，该死，时间快到了。那我就长话短说吧。我不再盯着贾森让我讨厌的一面，而是决定看着镜子里的自己，直到意识到那些让人讨厌的东西我身上也有。我不再关注胡子里的酸奶、毛茸茸的胖肚皮，或是其他外在事物或行为，转而努力寻找我不肯接受、妄加评判自己的那些方面，就像我批判贾森那样。几分钟后，我看见了我的阴影人。"

"它看起来是什么样子？"我听得入迷。

"就是伊玲，"她回答，"就是我。"

****

话题#36：阴影人

这个话题探讨的是亲密关系中的一个方面，也就是你在伴侣身上看见某些习惯行为或态度，那些东西让你产生了强烈的不适，导致你想彻底拒绝对方。阴影人是你本性的一个侧面。你会拒绝它，是因为它影响了你满足对爱、受重视和归属感的需求。你一辈子都不想变成那个人，也彻底否认了变成那个人的可能性。

你很难在自己身上看见阴影人，因为你的伴侣会用你意想不到的方式展现出那一面。例如，他可能会公开表达对别人的嫉妒，而你永远都不会说出那样的话，甚至不愿承认自己会嫉妒。你甚至会因为伴侣展现了那一面而觉得他为人软弱，并用妄加评判让自己远离嫉妒。你对伴侣的阴暗面可能有不同的反应，从厌恶、反感一直到彻底的憎恨。有些人甚至声称自己的伴侣无比邪恶，或是拥有黑魔法。阴影人研究的先驱卡尔·荣格曾说："融合阴影人需要人类至高的道义勇气。"然而，学会接受、去爱并融合你的阴影人，这能彻底改变你的一生。

指导建议

第一步是清晰地意识到伴侣的某个侧面让你难以容忍、无法接受。正如所有个人投射一样，不要把注意力放在行为本身，而要关注他通过这种行为表达出的性格特征。然后，完成以下步骤：

1. 我受不了我的伴侣＿＿＿＿＿＿＿＿＿＿＿＿＿＿（描述行为）。
2. 看见那种行为时，我会感到＿＿＿＿＿＿＿（例如，恶心、反感、愤怒等）。
3. 通过这种行为，他展现了我的一个侧面，也就是＿＿＿＿＿＿＿。
4. 阻止我接受自己这个侧面的是＿＿＿＿＿＿＿。
5. 开始接受自己的这个侧面时，我体会到＿＿＿＿＿＿＿。

把最后一句话补充完整后，请坐下来，全身放松，将你体会到的东西融入内心。敞开心扉，热情地拥抱它。当你感觉内心平静之后，再选择伴侣的另一个阴暗面，从第一步走到第五步，或者做下面的融合练习。这个练习非常困难，所以别着急，慢慢来，或者等时间充裕了再做。你越能接受自己身上曾被你拒绝的东西，就越能理解并接纳你的伴侣。

融合练习

1. 找个舒服的坐姿，闭上双眼。

2. 想象你的伴侣站在你面前，展现出你特别讨厌的行为、态度或外表。

3. 看见伴侣的这些方面时，注意你有何感受。

4. 接下来，想象你的伴侣转身背对你，退后几步，坐下来，与你合二为一，将阴暗面完全融入你的身体。

5. 注意你的不适感和体内的"阴暗意识"，放松下来，尽可能平静地接受它。

6. 几分钟后，再次想象你的伴侣站在你面前，展现自己的阴暗面。如果你看见它时仍然感觉不适，请重复第一步到第六步。

独处：花点儿时间看见自己

独处时能感知自身的灵魂，独处时能听见寂静之声。

"就是伊玲，"她回答，"就是我。"她话音刚落，一个高大、壮实的男人就走进店里，朝我和伊玲坐的桌子走来。我抬起头，看见一个面带微笑、神情愉悦的男人。

"你们俩在聊我吗？"贾森问道。他说起话来还是那么不紧不慢。

"对！不，我们在聊我们的事。哎呀，我真得走了！你把我的咖啡喝了吧。"伊玲蹦了起来，搂住贾森的脖子，亲了一下他的嘴唇，然后跑了出去。

"你的胡子怎么了？"贾森刚在伊玲的椅子上坐下，我就好奇地问道。

"我们亲热的时候，伊玲觉得它太碍事……你懂的。我们想要个孩子，所以……你懂的。"贾森说话还是慢条斯理的，但没有我第一次见他时停顿那么久了,"她快四十了,所以我们觉得,再不要就来不及了。"

"恭喜。"我不得不承认,第一次见到贾森的时候,我不怎么喜欢他。我觉得,他当时也不怎么喜欢我。如今,彼此的厌恶感已经烟消云散,我们开始了友好的交谈。

"那么,伊玲已经告诉你,我们和好了?"

"简单说了说。"

"她有没有提到,我当时疏远她是因为你?"贾森喝了一大口已经冷掉的咖啡,然后问道。

"她大概把那部分略过了。"

"她是个中国人,大概很关心'颜值'吧。你的,或者是我的——或者是她自己的。不过,她真的很崇拜你。我在工作坊看见她看你的样子,就像你是个圣人、智者或是别的什么……我也不知道……我突然有了想法,觉得自己一无是处,什么也不是。我恨你害我有这种感觉,但我更恨伊玲。于是,我走掉了。我只觉得特别需要一个人待着。"

"所以,就像她说的那样,你钻进了你的窝里。"我评论说。跟贾森慢吞吞的语速比起来,我觉得自己说话像打机关枪一样。

"刚开始,我只是宅在屋里玩游戏,以此来惩罚她。过了几天回头看,那么做似乎很幼稚。但到那个时候,我已经不好意思出来了。我突然意识到,我不知道该怎么一个人待着了。"

"很多人都不知道。"我表示。

"你也是?"

"从记事起就是。"

"刚开始真的很难熬——尤其是伊玲就在隔壁。我想过搬出去,但那也很难,因为我没钱。所以,我留了下来,开始写东西。"

"什么？你是说写故事？记日记？"

"我也不知道你会叫它什么。我想到啥就写啥，我的感受啦，我的人生哲学啦，还问了很多'为什么'。为什么我的婚姻会是这个样子？为什么世人要受苦受难？有时候，我会气冲冲地抱怨事情一团糟，质疑上帝是不是脑子有问题。就像我说的，想到啥就写啥。"他停下来，又灌了几口咖啡。

"后来有一天，我看着自己写的东西，觉得我已经胡思乱想够了。突然之间，我脑子里有了'目的'这个概念。首先，我问：'我结婚的目的是什么？'但接下来，我觉得也许还有更大的目的，婚姻只是其中的一部分。所以，我开始往后倒推。你懂的……上学的目的是什么？我父母的目的是什么？他们那么对待我的目的是什么？就这么一路往后推，推回到'一切的目的是什么'——世界存在的目的，银河系存在的目的，一直想到我这个人存在的目的。我是谁，我存在的目的是什么？我想，如果我能回答这个问题，那么其他一切都会回到正轨。就是这个让我留在了房间里，虽然当时我已经不生伊玲的气了。刚开始，我很惭愧，不敢面对她。但最终归结为一点，那就是，如果搞不清进入婚姻的目的，我也不想挽回这段关系了。我觉得，如果我跟她说话，就没法专心思考了。"

"但你还会去上班，对吧？"

"对，但我把事都闷在了心里。我那六七个月都是这么过的：去上班，回家写写写，去上班，回家写写写……"

"但你最后还是出来了。这是不是意味着你弄清了你存在的目的，弄清了你是谁？"

"我没法用语言表达，没法明白地告诉你。"贾森承认，"简单说吧，就是经过三十八年的沉睡，我现在总算是清醒了。也许我还得钻回被窝里，才能彻底清醒过来，但就目前来说，这段婚姻让我精神抖擞，状态一级棒。"说完这句话，贾森就站起身来，碰了碰棒球帽的帽檐向我致意，然后离开了。

我下定决心，接下来半天要一个人独处。

****

话题 # 37：独处

这个话题鼓励你花点儿时间独处。你也许遇到了障碍或深感失望，选择用思考或体力劳动的方式克服困难；也许在你的亲密关系存在问题时，似乎什么样的沟通、咨询、分析或行为调整都无济于事；也许你所处的情况有很多条路可选，但你不确定哪个才是最佳选项。独处是你耐心等待、安静反思、内省、修复关系的绝佳机会。

《奇迹课程》（*A Course in Miracles*）一书第 27 章提到，"安静下来的时候，一切都会得到解答，每个问题都会迎刃而解"。有时候，你需要独处，才能与灵魂的智慧建立深层联系，让它提供给你需要的前进方向和清晰认知。

对大多数人来说，独处并不容易做到。一段时间的独处可能会导致你烦躁不安，感到孤单、寂寞。请记住，独处之道乃是光明之道——当寂寞的幻象消失后，你就会发现，自己从未真正孤单过。

指导建议

如果你的亲密关系出现了问题，花点儿时间独处是很重要的。请记住，你是独立的个体，不仅仅是某人的伴侣、父母或孩子。独处让你有机会意识到自己首先是灵性的存在。把书本、平板电脑、手机等搁在一旁，花五到十分钟独自散步——可以是在大自然中，也可以是在安静的街道上，或者一个人静坐。把注意力放在自己的内在——你的感受、身体感知或是某种体内活动，比如呼吸或心跳。不要抱任何期待，等待并观察内心浮现的东西。你头几次这么做的时候，也许不会有任何东西浮现……也许，灵感会从你心底浮现。接纳独处带给你的东西，记住这个过程有自己的节奏。不要抱任何期待，不要开动脑筋，也不要加入你给当下处境编的"故事"，只需要觉知。那是灵魂的所在。

需要花多少时间独处，这完全取决于你的天性。对有些人来说，独处几天很轻松。对有些人来说，十五分钟就足够了。最重要的是，独处能帮你意识到内心的孤独。请记住，这段时间不是用来寻找解决方案的。为了你着想，请把习惯和偏好放在一边，保持安静。安静下来的时候，你就能听到心灵的指引，感受到心灵的慰藉，接受天地万物给予你的支持。

选择立场：当下的行为动机遵从内心

你对生活、世界和别人的看法，取决于你的立场。

布拉德和珍妮特终于不再为布拉德投资失败而吵架了。珍妮特想出了解决家里财务问题的办法，可不幸的是，布拉德并不赞成。

"她想让她父母搬来跟我们一起住——你能相信吗？"

"不是跟我们在一起住，布拉德，是住进楼下的套间。你建那个套间就是为了出租，还记得吗？"

"跟他们住在同一个社区，我就已经有的受了！现在，你又想让我跟他们住在同一个屋檐底下？门都没有！"

"我父母说想跟我和外孙、外孙女住得近一点儿。"珍妮特解释说，"从经济上说，这对我们真的很有帮助。况且，他们还愿意给孩子们付学费，送他们上私立学校。"

"他们现在的学校就挺好。"布拉德反驳道，"不管怎么说，私立学校适合那些势利的富家子弟。"

"我上的就是私立学校。"珍妮特提醒他。

"显然,不是所有的孩子都是势利眼,可是……"

"好了。"我打断了他们,"你们已经见我很多次了,知道争吵解决不了任何问题。我猜你们大概已经试过真正的沟通了?"

"对,但我们似乎卡在这里了。布拉德拒绝让步。"

"布拉德拒绝让步。"我重复了一遍。

"对,他有时候特别固执。"

"他特别固执。"

"你是想说,我才是那个固执的吗?"

"我想说的是,也许你们都坚持自己的立场,而双方的立场又差得太远,导致你们看不到中点。中点是唯一一个你们不需做出妥协或牺牲就能走到的位置。"

"让她父母跟我们一起住,在我看来只可能是牺牲。"布拉德还在坚持。

"那在你看来,家里破产没钱又会怎么样?"珍妮特反驳道。

"瞧瞧,站在自己的立场上,你只能将对方视为自己不开心的成因。"我解释说,"请想象一下,你会用这种方式看待对方,正是因为你现在的立场。"

"但如果我放弃我的立场,珍妮特就会得逞了,最终我就得跟恶魔似的老丈人、丈母娘一起住!"

"我再说一遍,布拉德,你会这么看待她的父母,很有可能是因为你从自己的立场出发的。问题不在于你看到的东西,而在于你是怎么看的。据我猜测,你觉得自己很失败,所以选择了防御的立场。有防备心的人会把别人都视为敌人或潜在的敌人。所以，如果你的岳父、岳母搬进来，他们会让你每天都觉得自己很失败。也许，你认为珍妮特也无法忍受你的失败。只要你坚持自己的立场，珍妮特和她父母就是你的敌人。"

"呃，那珍妮特的立场是什么？"布拉德问道——也许是为了把关注的焦点从自己身上引开。

"我觉得很没安全感。"她承认，"自从我们失去了存款，我就发现自己很没安全感，没法信任别人。"

"我就知道你不信任我。"布拉德的嗓音里混杂着胜利和苦涩。

"布拉德，我谁都不信，就连自己也不信。我不信任生命，也不信任这个世界……只有对爸爸妈妈，我才能稍微有点儿信任。抱歉。这不是你的错，真的。我只是没有安全感。"

"那么，处于这个立场时，你是怎么看待布拉德的？"我问道。

"呃……噢，老天啊，我不想说的！我想，我觉得他……令人失望。或者说是，不怎么可靠。"

"那么，布拉德，珍妮特觉得你不可靠，因为这就是没安全感的人对伴侣的看法。她觉得她父母是潜在的救星。"

"我才不是不可靠呢！"布拉德气愤地大吼，眼泪夺眶而出，"我一直陪在你和孩子们身边。我愿意为你去死。"

"布拉德，不要拿她说的话当坚持自己立场的借口。"

"我只犯了一个错，一个错，现在她眼中能看到的只有失败！"

"她眼中？"

"对，就是她。"布拉德强调说，不服气地噘起嘴，瞪着我。我与他对视，一脸不置可否。突然，他哈哈大笑起来，笑声颇有感染力，引得我和珍妮特也笑了起来。最后，笑声低了下去，屋里三个人都陷入了沉默。我等他们下定决心要往哪个方向走。

"我这辈子一遇到事就会跑回爸爸妈妈身边。"珍妮特详细地解释，"爸爸是我的英雄，能保护我免受任何伤害。妈妈是我的闺密，我有什么烦恼都能告诉她。也许是时候开始靠自己了。我只是觉得自己很弱小、很无力，而且……很害怕。"

布拉德突然离开座位，站起身，跪倒在妻子面前，握住她的双手。"我觉得，如果他们像你希望的那样搬来住，就证明我还不够好，照顾不了我的家人。"他说，"我这辈子都觉得自己很失败。我试图证明自己的价值，但不管我做什么，总会回到同一个地方。"

珍妮特向前探出身子，两个人紧紧地拥抱在了一起，身子因为啜泣而颤抖。但很快，啜泣就化为大笑，两个人松开拥抱，盯着对方的眼睛，为彼此拭去泪水。布拉德坐回了椅子上。"我想，当我开始觉得一切都是针对我的时候，就忘了什么才是最重要的。"他终于收住了笑，"对我们这个家好，才是最重要的。如果这意味着让他们搬进来，那我没问题。"

"我不确定，对我或者我们的婚姻来说，这么做是最好的选择，"珍妮特思忖着，"我们得从各个角度出发，实实在在地考虑一下。"

"时间快到了，"我说，"但你们正在朝中点靠拢，所以……"

"没关系，教练，"布拉德向我保证，"剩下的就交给我们吧。"

我想他们确实做到了。因为，那是我最后一次见到布拉德和珍妮特。

****

话题 # 38：选择立场

这个话题是为了告诉你，你对任何处境的反应都是基于当时的立场。发生冲突的时候，你的立场取决于自己的核心信念。为了保护自己，让核心信念免受影响，你会选择一定的立场。如果你选择了"有事出了错"这个立场，就会将问题视为敌人。如果你将某人或某种处境视为威胁，就是选择了防御立场。如果你将当前的处境视为吸取教训或得到教益的机会，就会以更加开放的心态应对。

亲密关系中很可能出现冲突，不管是长期存在的冲突，还是刚刚发生的冲突。针对出现的问题，你会根据自己的脾气、性格和情绪成熟度选择立场。最重要的是，要明白你选择的立场只是众多选项之一。正如秘鲁裔美国作家卡洛斯·卡斯塔尼达所说，你选择的任何道路都是上百万条中的一条，没有一条是与众不同的，所以，选择道路最重要的一点是，你选这条路是不是真心的。因此，请问问自己，你在这种处境下选择的立场是不是真心的，因为只有你自己知道选择某个特定立场的动机。如果你没有追求和平，那你就没遵从自己的内心，也就是说有东西比它更重要。如果你发现自己选择的立场是真心的，那就可以靠着直觉的指引，对当下处境做出充满爱意的睿智回应。用卡斯塔尼达的话来说，就是："一方面，毫无真心的道路绝不会令人愉快，就连选这条路也特别费劲儿。另一方面，存在真心的道路很容易走，你无须费劲儿就会喜欢它。"

如果你坚持的立场不是真心的，那它就没有爱、没有智慧，也没有激情。那么，到底是什么让你坚持这种冷酷无情的立场？

指导建议

1. 观察当前亲密关系中出现的问题或挑战，用自己的话描述一下，但不要超过两句话：

（a）问题（挑战）是？_____。

（b）是什么导致或滋养了这个问题（挑战）？_____。

（c）谁该为此负责？_____。

2. 想象一下，从你内心的角度来看，双方都是清白、无辜的，都根据自己的情绪成熟度和智力水平做到了最好。再想象一下，你的内心希望双方都好好的，都能通过挑战得到情绪和精神上的成长。

3. 现在，请问问自己："我在用真心看待这个问题吗？"_____。

4. 如果答案是否定的，那你可能没有同时为双方着想。这种态度会让你更愿意保持隔阂，双方也就不可能达到和谐了。如果是这样的话，请将第 5 步中的句子补充完整。

5. 这个问题（挑战）仍然存在，是因为我认为我的伴侣_____。

6. 如果我听从自己的心声，它就会告诉我，事实上我的伴侣_____。

7. 如果我问问自己"问题的真正目的是什么"，我会说，这种处境是要教会我_____。

你可能会发现，你伴侣的做法并没有敌意，其实只是在渴求爱、理解和倾听。或者，你可能会意识到，你的伴侣和当前的处境是在教会你信任、谦逊，或是给你上其他有意义的人生课程。有一件事是肯定的：如果你坚持自己的观点是正确的，那就永远看不到也学不到新东西。一旦你准备好了放弃这种立场，它就会帮助你向自己发问："对于这种情况，我的心会做出什么样的回应？"

下面列出了你可以遵循的基本原则，还有你可以回答的一些问题。在可能发生的冲突中，它们会帮你与自己内心的立场建立联系。

1. 描述一下你和伴侣之间发生的问题或冲突。

2. 你的伴侣看起来选择了什么立场？

3. 你选择了什么立场？

4. 你选择的立场是真心愿意选择的吗？它是否平和、睿智，表达出愿意向伴侣靠近，或是跟伴侣在双方立场的中点相遇？

5. 请想象一下，你的伴侣在那番言语的背后，正在体验某种旧日的伤痛，像是一无是处、惨遭抛弃、心碎或沮丧。你的心告诉你，你的伴侣体验到了什么？

6. 请想象一下，你在自己的言语背后，正在体验某种过去的感受，像是一无是处、惨遭抛弃、心碎或沮丧。你的心告诉你，你体验到了什么？

7. 如果你坚持自己的立场，就无法对自己或伴侣的伤痛做出回应，还得费尽精力跟伴侣保持距离。你的心在促使你怎么做？

臣服：接受问题的本来面目

一切都会过去。

——苏菲派（伊斯兰神秘主义派别）谚语

"每次觉得不舒服的时候，我们都得'走过程'吗？"桑杰和苏珊一起来参加我的工作坊，第二天早晨，桑杰就问我，"总是要体会这些感受，我真是快烦死了。"

"总是？"苏珊挑衅似的问，"每个月一两次就是'总是'？"

"好吧，感觉很像'总是'嘛。"桑杰盯着地板嘟囔。有趣的是，如今他不再缩回沉默地带，苏珊在两个人发生冲突时也没那么毒舌了。他们吵起来的时候，其实更像是闹着玩。

"你觉得'走过程'的哪个部分无聊？"我问。

"呃，你懂的，首先你得承认内在的痛苦或不适，找出它藏在你体内哪个部位，把注意力集中放在那种感觉上，把它看成是一种能量，进入能量形态的中心,直到你——"

"我得打断你一下,桑杰。你认为'走过程'的目的是什么?"

"呃,你懂的……让我感觉好起来。摆脱痛苦,得到幸福。"

"你这学生当得可真不咋的。"苏珊故意打趣道,伸手去呵他的痒痒。

"他说得不对吗?"另一名学员罗伯特问道,引起其他小组成员众说纷纭。

"我觉得是为了治愈。"

"不,是为了转变信念。"

"不,是体验真正的幸福!"

"等你摆脱痛苦了,不就会幸福了?"

"不再受苦,再也没有痛苦。"

"你们说的都是一回事!"

我任由大家交换意见,直到大家的声音越来越大,参与者自动分组,三五成群地讨论起来。

"听起来,你们很多人对'走过程'都有不同的理解,也是出于不同的目的。其实,大家谁也没说错。"大家都鼓起掌来,"那么,桑杰,我问你的问题是:你觉得其中哪一点无聊?"

"我只是不想这么麻烦,总是要体会我的感受,虽说每个月只有两次!"他迅速补了一句,免得苏珊再跳出来唱反调。

"没有几个人想要感到痛苦或不适。人们宁可否认它们、疏远它们、忽视它们、与它们对抗,或者把它们变成一场闹剧。问题出现后,我们会拒绝接受,但最终还是得应对。人们之所以会为了某个问题苦苦挣扎,某些问题之所以会长期存在,是因为人们把问题以及随之而来的不适感变成了自己的敌人。遇到重大问题的时候,你脱口而出的第一句会是什么?"

"噢，不！"第三排的某个学员大喊。

"没错！有人结束了一天愉快的工作，回到家里，看到伴侣一脸不高兴，立刻脱口而出'噢，不'！"

"真扫兴！"一个名叫迈克尔的学员主动发言，"我回到家里，看见弗兰克一脸不高兴，觉得整个晚上都毁了。"

"我只是感觉不太好。"弗兰克反唇相讥，"是你把它变成了一场闹剧。"我等他们俩相互指责完毕，才轻声提醒他们把注意力放在桑杰引出的话题上。

"桑杰，你说的'过程'只是一种工具，不同的人以不同的方式使用它，以达到不同的目的。我现在不用'走过程'来治愈、修复、改变自己或生活中的任何事，虽说我以前曾经这么做。"

"那你现在'走过程'是为了什么？"苏珊问我。

"为了超脱。我不知道你能不能摆脱今生的痛苦，但完全有可能免于受煎熬。你有没有听过这个说法：'一切都会过去'？"

"听过啊，这是一句古老的印度教谚语。"桑杰自豪地回答。

"才不是呢——是佛教谚语！"坐在他身后的一个女人争辩道。

"这话是先知穆罕默德说的。"一名穆斯林男子告诉全组人。

"耶稣在他之前就说过。"有人一口咬定。

"呃……"我举起双手，让大家冷静下来，"不管这话是谁说的，在我看来，它意味着问题和痛苦一样，在我们的一生中会出现也会消失。它们到来，达到目的，然后消失。不管是所谓的'好东西'还是所谓的'坏东西'，没有什么能永远持续下去。拒绝问题或痛苦只会创造出对它的依附。就连疏远也会创造出敌对关系，因为疏远是逃避，而不是超脱。"

"你是说，如果我超脱了糟糕的感觉，它就会消失不见？"桑杰问。

"你给它贴上'糟糕'的标签,其实已经就是在妄加评判。这意味着,在它出现之前,你就在拒绝它。也就是说,你已经对它产生依附了。大概的情况你已经知道了。一切事物的出现和消失都有自己的时机和目的,至少在我看来是这样的。我可以接受发生的事,也可以拒绝它,把它变成我的敌人。"

"但有些事显然是错的!"迈克尔还在嘴硬,"人们在挨饿,孩子在——"

"这里是亲密关系工作坊,"我提醒他,"在这个工作坊里,我没法解决全世界的问题。抱歉,迈克尔。我听见你说的了,也明白你在说什么,但除非这些事跟你和弗兰克有关,否则我没法回答。"

"好吧,"迈克尔点点头,在椅子上坐得笔直,"弗兰克想跟别人上床,我不希望他这么做。"

"所以,弗兰克是错的?"我问。

"只要我们还在一起,他这么想就是错的!如果我接受他的想法,就像你说的那样,他就会得偿所愿,我就会很受罪!"

"你没必要跟他待在一起。但如果你这么做了,又没法接受他是那种想要'家中红旗不倒,外头彩旗飘飘'的人,那你就有罪受了。"

"但这不公平啊!"

"没错。这是不公平,但人生就是这样。"

"那么,你觉得我应该接受他,忍受他在外头鬼混?"

"我不会用'应该'这个词。如果你想在这段关系中体验到和谐与福乐(flow)[1],那就要考虑一下接受现实,接受他的本来面目。桑拿房很热,我走进桑拿房,就会感受到高温。如果我不想感受高温,就没必要

---

[1] flow:积极心理学中的重要概念,指一种极致的幸福体验,通常译为福乐、福流、流畅感、心流等。——译者注

留下。但如果我留下了，又因为桑拿房太热而发脾气，那就……我认为，在那种情况下，我会受不必要的罪。只要是寄居在人类的身体里，就会有痛苦，生活和亲密关系中就会出现问题。你无法选择自己的痛苦或问题，但总是可以选择臣服。"

我们接着讨论了一会儿。最后，迈克尔转身对他的伴侣说："弗兰克，"他宣布，"这么说我真的很痛苦，但我试着接受你是那种想跟别人上床的人。我也想接受自己是那种喜欢一对一关系的人。所以，我不会试着阻止你，但也不会留下来，任由我的另一半到外面鬼混。"

"我觉得你在用感情威胁我。"弗兰克抱怨说。

"老实说，这不是威胁。人都是本性难改的，我不想下半辈子都受罪。我真的、真的很想学会接受你的本来面目——也接受我自己的本来面目。"

"我不想失去迈克尔，"弗兰克转身对我说，"但我也不能违背自己的本性。我跟别人上床，只是为了寻找不同的体验。可是，我也喜欢结婚的感觉。"

"我对婚姻的看法可不是这样。"迈克尔说，仍然显得很放松、很平静，"我明白你想要什么，但我不是那种人。想到我们可能会分开，我很难过。但我能接受，真的。"

"哎呀！"桑杰评论道，"跟他们比起来，总是要体会自己的感受实在不算什么事。我真不好意思！"

"别担心，亲爱的。"苏珊拍了拍他的膝盖，安慰他，"一切都会过去的。"

"教练，你要怎么解决这个问题呢？"布拉德开玩笑似的问。

"不管你信不信，"我回答说，"这种事自然而然会解决的。弗兰克，迈克尔刚才表达了他的意愿，说打算接受你的本来面目。他不会再试着改变你了,他也接受了你们可能离婚。你对此有何回应?"

"呃,如果迈克尔离开了,我可没法活下去。但我也没法放弃我的生活方式……我也不知该怎么解决这个矛盾。"

看着并肩坐在一起的两个人,小组里每个成员都看得出,谁在忍受煎熬、谁在享受臣服带来的平静。

****

话题 # 39:臣服

问题既会出现,又会消失。用指责和批评加以应对,只会让问题越滚越大,让你越来越不舒服。我选择这个话题,是为了在你的亲密关系出现问题,你又不能或不愿接受它的本来面目时,为你提供支持。在这种情况下,你很想证明当前情况和(或)你的伴侣是"错"的。最重大的问题涉及金钱、性生活、孩子、双方父母或沟通,但其他问题(比如生活习惯、行为和外表)也可能让你感到不适。无论问题是什么,不愿意接受它的存在,只会使问题复杂化,让你和伴侣产生隔阂,使你远离内心的平静。

指导建议

摆脱问题的第一步就是接受它的本来面目。既然抵抗是一种基于恐惧的反应,那么抵制问题只会夸大它的威胁,让你觉得问题太大,而自己太弱小。臣服能让你摆脱受害者认知,从强者的角度看待问题。

臣服并不是压抑自己的沮丧、挫败或评判，也不是伴随妥协而来的自暴自弃。如果你不喜欢伴侣的行为方式，就得意识到，这种行为给自己带来了不适感，包括生气、发飙的冲动。臣服能帮你退后一步，客观地观察这些体验，提醒自己"这种感觉会过去的"。

抵抗或反应过激不会带来你想要的结果。只有接受问题的本来面目，你才能将它视为漫漫人生路中的一个阶段，学会在平静、理解等方面得到成长。一旦你敞开心扉，接受处境的本来面目，提醒自己"一切都会过去的"，它就会变成一股强大的助力，使你免受当前状况带来的痛苦，消除你和伴侣之间的隔阂。以下步骤是关于臣服的指导建议：

1. 一旦你发现自己出现愤怒或其他情绪反应，就将意识转为从外向内看，就像退回屋子里，把双眼当作观察外界的窗口。如果可能的话，你也可以迈开腿，真的后退几步，这么做会对你有所帮助。

2. 想象一下你的愤怒、防备感、"我永远是对的"的念头形成一层厚厚的盔甲。当你说出"一切都会过去"的时候，想象盔甲在你身上融化。

3. 继续观察情况，关注自己想要跳到外面、为冲突而纠结的冲动。

4. 意识到你内心的感受，你的心在说"比起这么苦苦挣扎，我更喜欢平静"。

5. 当你观察外界的情况时，也要注意自己脆弱的一面，以及内心的感受和伤痛。如果你愿意的话，也可以表达出来，或者继续倾听伴侣诉说。尽量放松下来，深入体会那些感受（不管这么做有多不舒服）向你脆弱的一面臣服。这么做的过程中，你可能会发现还有很多层盔甲，那些也会过去的。

6. 你的伴侣可能会将你的臣服视为退缩。然而，如果你发自内心地表达感受，向可能出现的任何情况臣服，平静与联结最终会占上风。

第四阶段：启示

理解亲密关系的启示阶段。它会引导人们走出"亲密关系的牢笼"，用接纳、觉知、欣赏的态度去生活。

宽恕：无辜之人不会责怪别人

宽恕是人类最大的思维陷阱。

英格和埃里克个头都很高，高得吓人。埃里克现年六十五岁，英格现年五十八岁，雪肤金发显露了他们的斯堪的纳维亚血统。两个人生于瑞典马尔默的同一个街区，上了同一所小学。他们十来岁的时候，父母移民到了加拿大。然而，两个人直到三十出头才发现他们在同一家工程公司上班，此前素未谋面。

"那么，你们今天想聊点儿什么？"我问。

"我和英格结婚二十五年了，"埃里克解释说，"我们一直过得挺不错——至少我是这么认为的。但她怀上我们的第一个孩子，在家里养胎的时候，我跟办公室的一个女人搞过短暂的婚外情。那段关系只维持了四个月——"

"是六个月。"英格一口咬定。

"是四个月。"埃里克还是坚持,"但我转到另一个部门以后,那个女人不愿接受,我们的关系结束了。她总是打电话给我、在我的桌子上留便条。我大概把一张便条塞进了口袋,结果被英格发现了。那时候,我们的关系已经结束了,但英格还是会把那两个月算进去。"

"那是多久以前的事了?"

"二十多年前。有几年真的很艰难,英格说想离开我。她无法忍受背叛,但通过婚姻咨询,我们还是克服了困难。等到第二个孩子出生的时候,我们的关系已经挺好了,是真的。但出于某些原因,这件事总会冒出来。每年都会冒出来好几次。每次我们大吵一架,她都会提起这件事。"

"我只是放不下,"英格承认,"它毁了我所有的梦想……我对美满婚姻的所有期待。我知道那件事已经过去了,我应该放下的,但每隔一段时间,他做的某件事就会勾起我对那时的回忆,让我想起自己当时有多崩溃。"

"什么样的事会变成导火索?"我问。

"哦,有时候我看见他在电脑上看黄片,要不就是泳装模特或是类似的东西。我其实不介意黄片——有时候自己也会看,但看见他这么做就不行。记忆会像洪水般滚滚而来。我也不知道我能不能真的原谅他。我觉得,如果能原谅他,我就会更爱他。"

"我想知道,原谅对你来说意味着什么——对你们两个人来说?"

"我只想抛开对他的愤怒,明白他只是犯了人都会犯的错,理解是什么让他选择这么做的,然后……放下。"

"对我来说,"埃里克说,"原谅就是跟另一个人换位思考,体会他的感受,意识到我们是一样的。我们都是人,都免不了会犯错。如果英格处于我当时的位置，跟我有同样的感受，也会做同样的事。但英格永远没法理解我当时的体会——"

"对，我那时候太忙了，忙着怀你的孩子。"

"你们为此找过别的咨询师，对吧？"我故意岔开话题，免得他们吵起来。

"这么多年来，我们找过六个咨询师，还拜访了几位牧师——虽然我们信的是路德派，对告解什么的并不怎么感兴趣。"埃里克答道。

"英格，你有很多次试着原谅埃里克？"

"是的。有时候，我以为我总算做到了，可是……"

"我懂的，"我感同身受，"几个星期或几个月后，回忆又会涌上来。"

"没错。"

"好吧，我不想说些你们已经知道的事。说实话，我觉得宽恕是个被人高估的概念——就像个挂得高高的诱饵。"我的回复似乎让他们很惊讶，但我还是继续往下说，"英格，我可以举出很多你不肯原谅他的理由，还有很多他不肯原谅你的理由。"

"我用不着原谅她，"埃里克反驳，"她又没出去乱搞。"

"至少你没发现。"英格反唇相讥，见丈夫一脸震惊，我不禁露出了微笑，"开玩笑的啦。"

"宽恕与痛苦和负罪感紧密相连，"我继续说道，"当人们受创伤的时候，通常会责怪身边的人。如果他们能拿出证据，证明指责有道理——埃里克，就像英格指责你搞外遇一样，那么对方就要为他们的痛苦负责。现在，你很有负罪感，只有她能原谅你，让你不再有负罪感。在我看来，这很像一场权力斗争。"他们再次露出震惊的表情。英格看起来像受了冒犯，但我接着往下说。

"根据你对宽恕的看法，我们来看一看，所谓的理想情况下会发生什么事吧。英格会这么说：'埃里克，我原谅你搞外遇了，很抱歉这些年我一直在折磨你。'埃里克会说：'英格，很抱歉我背着你搞了外遇，我原谅你为此生气，也原谅你对我说的那些难听的话。'然后，一切都会结束。"

"这有什么问题？"埃里克问，"在我听起来很完美啊。"英格也点头表示赞同。

"你是说，你们俩结婚这么久，从来都没对彼此说过这种话？"两个人开口想要否认，但突然停了下来，扭头彼此对视，脸上写满疑惑。

"呃……"英格犹豫不决地说，"不是字字句句都一样，但可能说过类似的……"

"五年前，圣诞节的时候，"埃里克承认，"我们决定把宽恕当礼物送给对方。"

"这份礼物持续了多久？"

"持续到了新年。"英格轻声发笑，开玩笑似的拍了丈夫的胳膊一巴掌。埃里克面露微笑，然后也咯咯地笑了起来。

"让我给你们重温一下这件事，但从另一个角度来看——请记住，这并不完全准确。英格待在家里，怀着孩子，感觉自己无足轻重。也许她觉得一个人待在家里很孤单，也许她觉得自己很没吸引力，或者因为没上班觉得自己很没用……不管怎么说，这种感觉确实存在，深深地埋在心底。埃里克在上班，同样感觉自己无足轻重。突然之间，有个女人开始关注他。这让埃里克兴奋起来。这也许满足了他的虚荣心，或者让他感到强壮有力。于是，他就这么上钩了。

"时间一天天过去，埃里克开始产生负罪感。他跟另一个女人在一起的时候觉得自己举足轻重，但负罪感掩盖了这种感觉。于是，他跟那个女人一刀两断，后来意外地在口袋里留了一张便条让英格发现了。英格的无足轻重感进一步强化，感觉自己一无是处。为了保护自己免受冲击，她发火了。身为法官兼陪审团，她胸口燃烧着正义的怒火，将自己的痛苦和负罪感投向目标——埃里克。惩罚他并不一定能让她感觉好起来，但总比自己孤单一人被无足轻重的感觉淹没要好。埃里克在一定程度上承受了妻子的怒火，但也在暗中批评妻子，以此为自己辩护：'英格应该更理解我的。她应该明白，我为了这段婚姻终止了婚外情。她不该那么刻薄，那么恶毒……'"

"我完全有理由感到受了伤害，遭人背叛！"英格一口咬定。

"至少我没暗中批评英格！"埃里克大声宣布。他们把我描述的情景驳了个体无完肤，直到二十分钟后，我才有机会开口。

"那么，你从来没觉得英格是反应过度，或者把一件小事记了那么久，实在是太小家子气了？"我问，"你从来没觉得她自怨自艾，或是为人刻薄、报复心强？"

"才没有呢，"埃里克还在坚持，"我一直都……我是说……"他肯定是用眼角的余光瞥见了英格在微笑，"我们来之前，你跟他聊过吗？"他转过身质问妻子，用的是责怪的语气。

"大多数人所说的'宽恕'存在一个问题，那就是它的前身是批评和指责。我们之所以会批评、指责，是因为不想面对无足轻重、被人抛弃或心碎的感觉。但只有当我们明白，自己会有这些感觉不是别人的错，才能原谅对方造成的伤害。"

"你是说，他搞外遇没错？"英格愤怒地质问。

"我不会探讨谁对谁错。我说的是，你感觉很糟糕。也许你感觉被人抛弃、无足轻重，却没有意识到这一点。直到你看见那张便条，听见埃里克坦白，才意识到自己感觉糟透了。随后，你因为自己孤单、寂寞、无足轻重而指责埃里克，这样你就用不着面对那些感受了。如果你希望我支持你批评埃里克，那你来这里就不是为了宽恕，不是吗？"

"可你说宽恕是不存在的。"埃里克指出。

"起码我听你们说的绝对不是宽恕。"我点头称是，"但确实有比它更有效的东西。况且，"我补了一句，"不用再花二十年看它是不是有效。"

"那是什么？"他们异口同声地发问。

"情绪成年。"我回答，"也就是成长。"

****

话题 # 40：宽恕

这个话题表明，你可能会因为相信伴侣伤害了你，就责怪他。你可能没有意识到：首先，只有当你期望别人满足你的需求时，你才会受到伤害，既然没有人能满足你的需求，那么你实际上是在伤害自己；其次，当你责怪别人的时候，你是在体会自己的负罪感，试图把它抛向对方。也许你甚至没意识到自己有负罪感，因为它通常藏在意识无法触及的地方。换句话说，在你意识到自己感觉糟糕之前，防御机制已经自动发挥作用，把负罪感抛给别人，让你免受负罪感带来的惩罚。你甚至不需要对指责伴侣做的那件事有负罪感，你的主要目标只是摆脱负罪感。然而，你实际上做的是把伴侣视为敌人，指责他故意伤害你，以此消除自己糟糕的感觉。当你对亲人、爱人发起攻击时，又怎么可能感觉良好？因此，你的负罪感会不断增加。请记住一句真知灼见：无辜之人不会责怪别人，有罪之人才会妄加指责。

指导建议

认真审视你责怪伴侣做的某件事，完成以下步骤：

1. 我责怪我的伴侣_____（描述他做了什么、没做什么或说了什么惹你生气）。

2. 我真正有负罪感的是_____（我不够好、失败了、不够强大、不够聪明、不够成功等）。

3. 从_____岁开始，我就怀有负罪感，抱有这种信念（全凭直觉回答，因为你可能记不得这种负罪感和信念第一次出现是什么时候了）。

选项

选项A：

我明白上述步骤的意思，但仍然责怪伴侣让我感到不适。我还没有准备好原谅他。

选项B：

我审视内心的时候，发现负罪感停驻在我的_____部位（具体描述负罪感停驻在身体的哪个部位，把手搁在那个部位上）。

· 此时此刻，你可以充分发挥直觉或想象力，在这个部位看到或感觉到负罪感的色彩。请注意这种不适感已经存在了多久，你对它有多熟悉。

· 充分放松，进入这种色彩的核心，将它想象成一种能量形态，让意识渗透进它的中心。

· 认真观察能量形态的中心，透过外观看本质。保持放松，进入中心，直到触及平静、喜乐、充满爱意的灵性存在。

· 从这种平静、充满爱意的体验出发，邀请伴侣的形象进入你的内心，欢迎他分享你灵魂中清白无辜的一面。感谢他作为催化剂，帮助你不断成长，摆脱责难和负罪感。此时此刻，真的没有什么是需要原谅的。

赞赏：内心深处涌现的认可

你很容易低估伴侣的价值，但绝不可能高估。

我刚离开办公室，穿过走廊，电梯门突然开了。苏珊走了出来，桑杰紧紧跟在后面。我走到他们面前，苏珊微微一笑，递给我一个小礼品袋。

"谢谢！"我吃了一惊，"为什么呀？"

"因为你就是你。"苏珊答道。我往袋子里瞄了一眼，看见一只长方形的黑盒子，跟眼镜盒差不多大。我掏出来打开，惊讶地发现里面是一支漂亮的钢笔，一看就价值不菲。

"是万宝龙的？哇，谢谢啊！只是因为我就是我？"我有些疑惑地问。

"我和桑杰正在练习赞赏这门艺术。"她解释说，"我们三个星期前参加了一个奇妙的工作坊——"

"对，"桑杰微笑着补了一句，"比你的工作坊好多了！"

"哎哟！"我开玩笑地说，但其实心里还是酸酸的。

"不是比你的好，只是不一样，"苏珊安慰我，"它讲的是赞赏的力量。我们一直在练习，效果真的很棒！我是说，有时候我刚要对他发火，就马上停下来，意识到我在愤怒之外对他的赞赏。噗！怒火就烟消云散了。真是太奇妙了！"

"我觉得他明白你有多吃惊了，苏。"桑杰故意打趣她，"话说回来，前两天，我们聊了起来，意识到了你给予我们的馈赠。我们越是赞赏你，就越能意识到从你那里学了多少东西，又有多少运用在了实际生活中。赞赏工作坊给我们真正的礼物是，让我们意识到你不再是我们的老师了。苏珊除了是我的伴侣和镜子，还是我的老师。我想，我也成了她的老师。"我惊讶万分，一时间竟说不出话来。

"这一点并不是很容易意识到。"桑杰承认，"经过这么多年的拒绝和批评，我们还是不记得我们彼此赞赏时会感觉更平静。我摆脱了一直以来看待苏珊的方式，就像我看透了她的心。不是用眼睛去看——就像工作坊主持人说的，赞赏不是一种感官体验，而是更直观的。不用眼睛就能看透别人，真是太奇妙了。生活看起来是那么丰富、圆满……还有……"

"奇妙？"我猜测。他们俩都哈哈大笑。"呃，我真为你们高兴——是真的。谢谢你们的钢笔，我真的很感谢。我更感谢你们两位！"我们一起乘电梯下楼，走出大厦，迈进温暖的春夜，最后一次挥手作别。我步行回家，默默感谢与我擦肩而过的每个人。

****

话题 # 41：赞赏

随着回应能力和成熟度不断提升，你会发现，伴侣就是你的老师，在帮你走向情绪成年和真正的幸福。他拥有引导你成长所需的一切天赋和工具。不过，这并不是说你的伴侣比你高出一等。事实上，他和你是平等的。如果你有意识地赞赏他们展现的所有天赋，就会在自己身上发现同样的品质。

这个话题鼓励你积极给予伴侣他应得的赞赏。当你有意识地这么做的时候，指责和批评就会从你的生活中消失，你也就不会将对方的付出视为理所当然。随着你不断成长，逐渐意识到伴侣真实的模样，你心中会充满活力！

指导建议

下面的练习会帮你做出调整，让你对伴侣无限赞赏——即使你现在还没意识到对方的好。赞赏并不局限于感谢他为你做的所有好事。它比这深刻得多，远远超出个人特征层面，深入对方独特的本性，你甚至可以从灵性的角度看待你的伴侣。

1. 想一想做你的灵性、情绪和亲密关系老师需要哪些品质和天赋，将它们逐一列出。下面就是这样一份清单。删除你不赞同的选项，增添你觉得缺少的内容：

| 智慧 | 洞见 | 质朴 |
| 同情 | 智力 | 耐心 |

理解	接纳	赞赏
幽默	诚实	温和
坚毅	————	————
————	————	————

2. 现在，选择清单中的第一项。闭上眼睛，想象你的伴侣站在你面前，你看见他的这种品质。即使你只能在他身上看到一小部分，也要大为赞赏。感受你内心深处涌现的认可，体会能证明你伴侣拥有这种品质的证据。

3. 从清单中选择另一种品质，然后重复第2步。以此类推，逐个选择你想看到的品质和天赋。

如果你想更加深入，那就退回第一步，用"真正的伴侣""爱人""灵性的存在"等词语替代"灵性、情绪和亲密关系老师"。如果你想获得更丰富的体验，也可以选择适当的时机，直接向伴侣表达你的赞赏之情。随着你对他的赞赏不断增加，你们的关系也会变得越来越牢固，让你意识到自己是多么幸运。

如果你在练习中遇到了困难，这并不是因为你的伴侣缺少什么。很可能是走向赞赏的过程开启了你内心昔日的恐惧、伤痛或怨恨。当开始看见伴侣真正的过人之处时，你就会敞开心扉，接受生命中方方面面的爱，包括一度只能看见痛苦或悲伤的往事。通过这个赞赏练习，你能窥见伴侣的本质，让他向你展示通往爱的大门。

起始：黎明前总是最黑暗的

"我认为这是美好友谊的起始。"

——经典影片《卡萨布兰卡》，1942 年

又过了一个星期，埃里克和英格来见我的时候，还在为了宽恕这个问题而挣扎。英格坚持认为自己的痛苦是埃里克造成的。埃里克表示赞同，觉得自己是罪有应得，应该受到指责。

"英格，如果你不怪埃里克了，会发生什么事呢？"我突然问道。

"什么？呃，我很乐意这么做，可是——"

"我懂，但我不是要你这么做。我只是问你，如果你不怪他了，你会有什么感觉？"

"我也不知道。我怎么知道啊？"

"呃，凭直觉说说，或者瞎猜嘛。老天啊，胡编也行。"我催她。

"我得想想看。"

"好的。埃里克，如果她不怪你了，你觉得你会有什么感觉？"

"自由——我瞎猜的。"他轻声回答，我注意到他脸色苍白，看起来疲惫不堪，不知是得了流感，还是其他什么病，"她每次提起这个话题的时候，我不会再那么防备了。但留下她一个人受苦，似乎不怎么公平。"

"没错！"英格大声说，"如果我不怪他了，就会留下我一个人心碎。他就自由了，可以再背叛我。"

"哇，你们说的这些够再做十几次咨询了！"我大声说，联想了情绪融合、愚忠、报复、操纵、牺牲等话题，"但也许我们只需要做这一次就行。看看在这场无休止的战斗中，你们没做过什么吧！你们没有面对自己。英格从来没有直面她的痛苦，或者无足轻重、被人抛弃的感觉。她一直把注意力放在'埃里克怎么背叛了我'这个故事上。埃里克从来没有直面他的痛苦和负罪感，或者说是一无是处的感觉，而把注意力放在了'我是个大坏蛋，应该受到惩罚'这个故事上。"两个人一脸不悦，似乎受了冒犯。不过，时间是关键因素，所以我接着往下说。

"也许我可以换一种比较温和委婉的方式来说，"我说，"但我刚才讲的非常重要。我不知道你们是不是还想再花二十年来逃避。"

"我们才没逃避呢。"英格提出抗议，像是准备起身离开，"我们来这里就是想解决问题。"

"老实说，英格，你来这里似乎只是想聊聊他的外遇。但如果你转身离开，就会发现自己站在一个黑黢黢的隧道口。你可以称它为'起始的隧道'。"

"什么的起始？"埃里克发问，轻轻扯住妻子的胳膊。

"要想知道答案，你们就得走到隧道的尽头。从你们现在所处的位置看，那可能是'终结的隧道'。想要走进隧道，你们就得抛开自己编的故事。"

"我说过，外遇才不是编的故事！"英格挣脱丈夫的手，"腾"的一下站起身，气呼呼地冲了出去，门都没顾得关上。埃里克缓缓起身，过去关上门，然后走回来，重重地坐回椅子上。

"我不能再这样过二十年了。我连三年都熬不过去了。"他悲伤地说。

"癌症吗？"我问。

"跟我说说那个隧道吧。"他回答。

"通常情况下，婚姻中的危机有可能彻底改变人的一生。人生的一部分会画上句号，全新的道路则会在眼前展开。人生中所有问题都会带来同样的机遇，重大危机则是巨大的机遇。"

"我要怎么才能走进隧道？该从哪里做起？"埃里克问。

"答案其实很简单——走向你的痛苦。"

"你说这个简单？"

"答案是简单，但不容易做到。英格会成为你的镜子，反映出你的无能、失败、无力和其他许多痛苦的信念。有些时候，她会陪着你，跟你一起痛苦。有些时候，她会显得比较冷漠、疏远。那些时候，她就在扮演老师的角色，向你展示超脱的过程是很孤独的——就像死亡一样。"

"那你为什么叫它'起始的隧道'？"

"因为每迈出一步，你都可以重生。每迈出一步，你都会清醒地意识到人生的意义，意识到自己究竟是谁。每迈出一步，你们的关系都可以重新开始，拥有全新的目标和规划。但事实上，它的规划一直是完美无缺的。"

****

话题 # 42：起始

这个话题表明，你的"本质"或"灵魂"能够迈出新的一步，这一步可以成为亲密关系新阶段的起始。它有时候会被视为全新的起点，或是由这种无形力量的恩典引导的转变。它也暗示着，你们关系中的艰难时期即将结束，你原以为是高墙的地方敞开了一扇全新的大门。

新起点通常会在巨大的困难、挑战或危机之后出现。此时此刻，你也许还处于不适期。请牢记这一点，这也许对你有所帮助。不过，"黎明前总是最黑暗的"，如果你听从内心的指引，朝光芒万丈的日出的方向前行，就会看见前方有什么样的新机遇在等着你。

也许你当初走进目前这段关系，是因为相信它会满足你对受重视和归属感的需求。也许你认为这才是走进任何一段亲密关系的真正理由。如果是这样的话，是时候反思你和伴侣在一起的真正目标了。亲密关系的目标是弄清"你是谁"和"真爱是什么"。不要把伴侣视为应该满足你需求的人，或是你已经渐渐习惯的另一半。你可以将他视为你的老师、镜子和搭档，他能帮助你在灵性和情绪成熟度上不断成长。

现在，你已经获得了宝贵的机会，可以消弭关于"完美关系"的幻想，意识到目前的关系无论是目的还是规划都很完美。它的目的是向你发起挑战，让你超越限制和恐惧，想起自己的本来面目。

指导建议

为了体验亲密关系的新起点，请将下列句子补充完整。在空白处填写你脑海中浮现的第一个词，描述你对伴侣的某种看法：

1. 当我带着批判眼光看待伴侣时，倾向于认为他_____。我还觉得他_____、_____、_____、_____。

2. 当我用积极、正面的眼光看待伴侣时，倾向于认为他_____。我还觉得他_____、_____、_____、_____。

3. 如果我将伴侣视为灵性的存在，以及我的老师、搭档和镜子，就会开始意识到他_____、_____、_____、_____、_____的品质（你也可以在下列词语中做选择：智慧、力量、爱、直觉、智力、风趣、幽默、理解、同情、洞悉、平和、喜乐、无害、耐心、创意）。

4. 如果我选择进入真正的伴侣关系，就会将伴侣视为我的老师、搭档和镜子，反映我内心的历程。如果我不想要真正的伴侣关系，也不想将伴侣视为老师、搭档和镜子，就会继续感受到_____。

满足：当给予和接受达到平衡

让爱所规划的目的自然显现。

"……每迈出一步，你们的关系都可以重新开始，拥有全新的目标和规划。但事实上，它的规划一直是完美无缺的。"说完这番话后，我和埃里克都沉默了一阵子。他似乎比英格夺门而出之前放松了不少。

"你懂的，"他说，"我内心深处一直明白，不管我们的关系多么不好，背后一定有某种力量在引导。某位高超的设计师为我们的婚姻做了完美规划。但我一直不明白，这名设计师为什么给我们的生活带来了这么多痛苦。我的意思是，痛苦哪里完美了？为什么他设计让我搞了外遇，然后在接下来的二十年里为此付出代价。他为什么要这么做？"

"他？"我问道。

"难道是'她'？"埃里克反问。

"我更喜欢称之为'有条理的智能'，这个说法是我刚想出来的。"

"你是说，那不是个人——而是件东西？"

"我们喜欢给这种创世力量赋予人性，为它选择性别，加入人性特征。"我解释说，"然后，我们就会问为什么。他为什么这么做？他为什么那么做？他为什么不换种方式？就像你想知道为什么你跟英格没法克服你所谓的'错误'。"

"你是说，那不是个错误？那你会怎么称呼它？"

"我会称它为'一件事'。"我耸了耸肩，"问'为什么'根本于事无补。'为什么'只是个转不出去的怪圈。"

"但是，说我做了'一件事'似乎太不近人情了，也太……"

"没人性？"我提议，"我明白你的意思。只要是人，都会搞砸，然后为此受责怪、受批评、受谴责，花一辈子的时间试图弥补，想为不可饶恕的行为求得原谅。犯错和受罚是所有人都逃不过的。埃里克，英格不是被你做的事伤到的，而是被自己的人性伤到的。她觉得自己受重视的需求没有得到满足，这让她感到巨大的痛苦。她拒绝感到痛苦，这就导致了愤怒、责怪和批评。正是'拒绝'这种行为让她一直备受折磨。她既想做又不想做一件她本性上做不到的事——也就是原谅你。这又加剧了她的痛苦。"

"呃，我们的确是搞砸了。"埃里克总结道，"这种人性之旅还会持续下去，直到我们死的那一天。"

"我想跟你分享一下我第一次尝到'真正的满足'时的情形。其实很简单：我坐在某个地方的某把椅子上，突然意识到我不仅是一个人，还是一个拥有做人经验的人。不管我是什么玩意儿，都拥有你刚才说的'人性之旅'的昙花一现的体验。"

"这怎么能让你感到满足呢？"埃里克很好奇。

"呃，它打破了一个给我的婚姻带来很多挫折的大障碍。不管是为人父还是为人夫，我总是在两种自我认知之间蹦来蹦去：我给予的不够，获得的也不够。当我成为新纪元运动的信徒后，就把'获得'这个词改成了'接受'。我开始相信，也许我之所以感到不满足，是因为没有把全部身心奉献给妻儿——如果我致力于给予，就会感到更满足。"

"结果，你发现了什么？"埃里克问。我们的咨询时间已经到了，但后面没有安排其他人，所以我没有理会时钟。

"我发现，我的'本我'始终处于施与受的恒定状态，一直处于满足的状态。那种给予不是物理层面上的，甚至也不是情感层面上的，因为它不局限于人的时空。人的本性和设计都存在局限，所以永远达不到彻底的满意或真正的满足。但是，你不仅仅是人。"

"我觉得英格还没准备好。"埃里克评论道，"况且，我觉得，如果用这种方式看待我们的关系，很像是我抛弃了她。如果只把外遇看成'一件事'，似乎有点儿太冷酷无情了。"

"这是迈出了很大一步。"我表示赞同，"你会发现自己站在两个世界的夹缝中：你的人性会试图把你拖进对过去的无限懊悔和对未来的无尽焦虑之中。但另外一个更微弱的声音会提醒你关注当下。"

"那英格呢？"

"她会跟你一起站在门边——虽然她可能还没意识到这一点。但如果你心中充满负罪感，就永远看不到她的真实模样。"就在这时，英格缓缓地推开门，踟蹰不前地站在门边，看起来既害羞又尴尬，都不敢抬眼看我们。埃里克站起身，我也站起来，友好地跟他碰拳道别。

"谢谢，"他说，"这次咨询让我很满足。"

****

话题 # 43：满足

这个话题让你有机会深入思考一个重要问题：你在亲密关系中有没有感受过满足？也就是说，你有没有在某一时刻感到心满意足？如果有的话，当时你和伴侣在做什么、说什么或分享什么，让你意识到自己如此满足？如果你从来没有感到心满意足，那么你的亲密关系中少了哪些元素？要是存在这些元素，你就会感到满足。如果你认为缺少的元素是你伴侣的责任心——他必须为你做某些事，或是必须为你提供某些东西——你感到满足的机会就会极其渺茫。

满足不是静止不变的，而是一个动态过程。只有"给予"和"接受"达到平衡，双方没有任何区别，才会满足。你给予伴侣什么，就会收获什么；从伴侣那里得到什么，就会回报对方什么。如果你能摆脱自己有意无意地强加给伴侣的需求和期望，就会发现这种"给予"和"接受"的循环才是你最想体验的。事实上，从你呱呱落地的那一天起，这种满足的幻影就一直藏在你内心深处。这也是你在各类亲密关系中最自然的处事方式。只有百分之百的给予，才能有百分之百的回报。在这种百分之百"给予"和百分之百"接受"的过程中，我们才会感受到无上的满足。

指导建议

下面是一个非常简单的练习，每天只需要练习几分钟，其中涉及想象、肢体语言和创意。

1. 闭上双眼，原地站好，想象你的伴侣站在你面前。

2. 想象你在等他展示对你的爱意、赞赏和珍视。不是想象伴侣给予你任何东西，而是想象他以客观、中立的姿势站在那儿，同时体察自己的期望和需求。至少坚持三十秒。

3. 关注你身体和情绪上的感受。你会说自己体验到了百分之几的满足？_____%

4. 接着，迈出一大步：再次闭上双眼，摆出客观、中立的表情，想象你的伴侣站在你面前。这一次，赞赏你的伴侣。从内心深处感觉到你对伴侣真实模样的感激、爱意和敬畏，感受从中迸发的能量。意识到他是一种充满爱意、智慧和喜乐的灵性存在，只是寄居在人类的身体里。聚精会神地观察自己内心涌出的赞赏的能量。至少坚持三十秒。

5. 关注你此时此刻身体和情绪上的感受。跟前一次想象的时候比起来，你是不是感到更满足了？如果是这样的话，可能是因为等待别人满足自己的需求时，你是不可能感到满足的。不过，如果你把注意力放在"给予"上，而不考虑回报，就会感到满足。关键在于，是"给予"让你满足的。试图从别人那里得到什么，只会让你深感空虚、难以满足。

给予和接受是完全相同的体验。如果你在等待伴侣给予你什么，实际上就是对伴侣抱以期望。因此，你收到的只会是你的期望。如果你给予对方爱，就会从对方那里收到爱。这就是得到满足的秘诀。

灵魂伴侣：先与自己的本质建立伙伴关系

伴侣能成为通往真理的路标。

"我原谅你！"我站在敞开的大门前请两个人进来时，英格开玩笑似的说。他们跨过门槛的时候，我跟英格和埃里克分别碰拳问好，然后关上房门。大家刚在各自的座位上坐下，英格就开口了。

"这对我来说真的很难。"她承认，"有好几个星期，我对你比对埃里克还生气。相信我，我是真的很生埃里克的气。所以，你能想象我对你的感觉了。我知道，在我事先点头的情况下，他给你打过几次电话。"她说得没错。埃里克在过去三个星期做过好几次紧急电话咨询，我指导他走了几次过程，应对他的负罪感和一无是处感，还教他怎么在没有外人指导的情况下"走过程"。

"英格，对你来说最难的是什么？"

"我觉得最难的是接受这一点：伴侣做的任何事都对我有好处，或者从某个角度来看能让我受益——不管那件事让我感觉多痛苦。"

"你上学的时候，所有老师的态度都很和气吗？"我问她，"有没有特别严厉的？"

"当然有！马尔默市的大多数老师都很严厉——我来美国以后也遇见过不少严师。"

"你喜欢他们的严厉吗？"

她忍不住打断了我："我明白你在说什么。"她的语气中带着一丝指责，"婚姻中痛苦的经历都是给我上的课。"

"没错，你用不着喜欢它们，也能从中受益，甚至是感激它们。"

"感激它们？"她大声惊呼。

"呃，刚开始可能会咬牙切齿，"我承认，"不过，是的，感激它们。要不然，你怎么能看见丈夫的真实模样，还有他出现在你人生中是为了什么？"

"你是说，除了是个被欺负的对象之外？"埃里克打趣道。

"这一点儿都不好笑，埃里克。"英格语带责备。

"就可怜可怜一个不久于人世的家伙吧。"他佯装恳求。

"真的不好笑！"这一回，她的愤怒中带着悲伤。埃里克轻轻拍了拍她的手，表示歉意。

"我不知道你们在一起的时间还剩多少，"我用温和的语气说，"但我知道，你们现在拥有某些东西，而且还会一直拥有下去，直到咽下最后一口气。为什么还要花工夫试图维持某种'特殊关系'，只关注满足自己对受重视、归属感、力量感和安全感的无限需求？为什么不把单纯的相互关系变成支持'真实的你'？为什么不成为真正意义上的'灵魂伴侣'呢？"

****

话题 # 44：灵魂伴侣

这个话题是为了提醒你，亲密关系的目的是弄清楚你到底是谁。当你打心底意识到这一点的时候，你的伴侣就会成为一扇门。通过这扇门，你可以发现自己真实的本性和人生的意义。然后，你们将建立起一种全新的关系。在这种关系中，双方致力于相互扶持，以自己独特的方式感受幸福。"做对双方来说最好的事"的承诺会取代彼此的需求和期望。现在，你关注的是让伴侣不断地成长，赋予对方"想做什么就做什么"的自由，相信生活会给你们带来最好的机遇。在这个过程中，你与自己的灵魂携手合作，与自己的本质建立了伙伴关系。在那之后，你的另一半将真正成为你的灵魂伴侣。

指导建议

完成以下步骤。这个练习大概要花五分钟。

1. 你也许不知该怎样用语言描述自己的本质，但你内心深知，自己比你想象的强得多。因此，请记住以下两点：（1）你的本质是灵性、喜乐、平和、充满爱意的，拥有无穷无尽的美好品质；（2）你内心渴望了解并表达自己作为灵性存在的特质。换句话说，你想知道你是谁、你的目的是什么、你来到人间是为了给予这个世界什么。

2. 接下来，记住你的人生规划没有任何意外，你身边发生的每件事都是命运使然，是为了帮你了解并实现人生目的。

3. 如果第 1 步和第 2 步的说法没错——只有你的内心能证明这一点，

那么你的伴侣就是你人生目的的一部分！他做的每件事、说的每句话，都是为了支持你实现灵魂的目的——即使当时你并不喜欢他这么做。你的另一半将永远是你的灵魂伴侣！只要你将亲密关系中的每件事都视为人生目的的一部分，你就会看到，即使是在很不舒服的情况下，伴侣也总是站在你身边。

4. 牢记上述说法，闭上双眼，向前迈十年。想象那个时候你们关系的状态，意识到伴侣是你人生目的的一部分。具体想象你和这位"灵魂伴侣"是怎么互动的。想象你们彼此沟通、分享亲密瞬间，互相打趣的方式。感受你们之间流淌的爱意，不受任何期望、规矩或自我牺牲的束缚。如果可以的话，请大声说出你看见的情形，以保持注意力高度集中，或者一睁眼就把你看到的东西白纸黑字地写下来。

5. 打心底说出你觉得自己看到的东西是否真实。它能给你带来平静与满足吗？如果答案是肯定的，请想象让你的内心守护这种幻象。亲密关系中出现困难和危机时，这个幻象会为你提供动力。现在，你和伴侣已经是一支不可战胜的队伍了！如果出现困难，你想要防御或逃避，请提醒自己："这种境遇是我人生目的的一部分，伴侣的做法也是我人生目的的一部分。"幻象发出的熠熠光芒将帮你得到超脱。

优先考虑：什么会排在人生第一位

当你优先考虑真相时，爱与幸福就会随之而来。

"为什么不成为真正意义上的'灵魂伴侣'呢？"

事实上，我并不是很喜欢"灵魂伴侣"这个说法。它被用来代表各种浪漫化的灵性关系，我担心自己想说的东西会跟他们的理念发生冲突。不过，我对很多词语都有同样的感觉，比如真相、幸福、满足、真爱、真正的伴侣关系、平和、启迪、觉醒等。词语太有局限性了。

"好吧，我想我准备好了。"英格毅然决然地大声宣布，"但那只是因为你不久于人世了。"

"这一点儿都不好笑，英格。"埃里克故作严肃地回应，微笑着捏了捏妻子的手。

"我真的很想做到这一点——弄清楚我们婚姻的真正目的，然后付诸实践。"她说话时仍然望着丈夫，"但我真的很怕会被自己的痛苦和愤怒冲昏头脑。我试过阻止自己，你知道吧？我拼命祷告，试图原谅你，试着理性地与自己对话，分析我为什么没法放下……我试过想象，还有各种疗愈方式……肯定是我哪里有毛病。"

"你做这些事的目的是什么？"我问道。英格转过身来看着我。

"我想要……我也不知道，我不想要痛苦。我恨自己这么惨兮兮的，再也不想感到那种恨意。我也不知道，大概只是想平静下来，还有美满的婚姻？我真的不知道自己想要什么。"

"也许是时候弄清楚你的优先考虑了。"我提议，"要做到这一点，你就得弄清'针对个人'和'真正重要'之间的区别。"

"有什么区别呢？"埃里克问，"我会觉得某件事是针对我的，因为它确实很重要。当我们觉得某件事是针对自己的时候，就会特别认真地对待——也就会觉得它更加重要。"

"英格把你搞外遇看成是针对她的。她感觉受到了背叛、侮辱、羞辱……也许还有贬低……抛弃……她可能感受到了一大堆情绪，受尽了折磨。在这个过程中，她一直没能看到真正重要的东西。"

我转身看着英格。"你一直没有看到这种可能性——你可以获得宝贵的教训或成长机会。那是因为，你的优先考虑是自己的需求，对受重视、力量感、归属感和安全感的需求。这些需求是你性格的基石。"

"那我还能怎么做？我又没有更好的办法！"她反驳说。

"你可以把我说的牢牢记住，或者从中汲取经验。真相一向对事不对人，它不会批判、评估、指责或原谅。这些事都是你的'自尊'做的，给你带来了持续终生的痛苦折磨。针对个人的是过去和未来，重要的则是当下。"

"这听起来挺不错的，"英格表示，"那我怎么才能停下来，别再觉得一切都是针对我的？我不过是个普通人啊。"

"亲爱的，你错过了上次咨询的这个部分。"埃里克告诉妻子，仍然握着她的手。

"呃，我今天不是在这里吗！我怎么才能停下来，别再觉得一切都是针对我的？"

"你可以把这句话里的'停下来'换成'开始'。你们可能会继续被对方惹恼——旧习惯是很难改掉的。但时不时地，你们中的一个会意识到自己的做法。这个人会结束争吵，暂时独处，向自己提出一个重要问题：到底什么才是最重要的？是保护自己、操纵伴侣，还是迈向情绪成年，想起自己到底是谁，弄清真相？"

"呃……"英格陷入了沉思，"不管怎么说，我可以开始这么做。我知道，至少我可以试试看。毕竟，我们剩下的时间不多了。"她转身看着丈夫，脸上满是深情和赞赏。

"我们的时间够用了。"埃里克向她保证。

事实上，我认为他们没有时间——只有很多当下。

****

话题 # 45：优先考虑

这个话题让你审视人生中的优先考虑。你的体验取决于你的优先考虑，你的优先考虑则取决于你认为需要什么东西才能得到幸福、成功、充实和安全。当你认为外物能带给自己充实的内心体验时，一切都会分崩离析。如果你认为自己必须达到某种财务状况才能感觉良好，那么无论你的伴侣有多优秀,双方的关系都没法让你满意。如果你认为伴侣必须以某种方式满足你,控制对方就会成为你的优先考虑,而更有可能令人满足的爱与接纳则会变成次要考虑。如果你与伴侣长期发生矛盾,而你的优先考虑是控制对方,那么幸福永远只能排第二位。你的体验与你的优先考虑息息相关。那么,你在当前关系中的体验表明你的优先考虑是什么?

事实证明,以下这种排序比较理想。真相排在第一位,问题排在最后。

(1)真相(爱、真正的幸福等);

(2)亲密关系;

(3)问题。

你选择优先考虑真相的时候,就是选择了真正重要的东西,而不是个人的需求、恐惧、伤痛或负罪感。你的头脑会专注于思考怎么做对双方都有好处。内心的关注焦点会影响你在亲密关系中的行为和回应。然后,源于爱意的回应会影响你处理问题的方式,最终得出和平的解决方案。

指导建议

选择关系中陷入困境或"卡壳"的那个领域,尤其是已经持续一段时间或者不断重现的问题,完成下列步骤。为了弄清楚你优先考虑的是什么,你可以从下面做出选择。

1.当你审视境况时,请将下面这句话补充完整:"在这种情况下,我最重要的目标是_____。"

一贯正确	保护自己	证明我的重要性
控制我的伴侣	获胜	寻找妥协
感觉强大有力	不要感觉糟糕	让我的伴侣产生负罪感

2. 填入最恰当的词语后，请将下面这句话补充完整："我打心底觉得真正重要的是_____。"

幸福、快乐	不用设防	爱
欣赏我的伴侣	双赢	真正的平静
彼此心意相通	看见伴侣的本质	接受真实的自己

3. 找到描述你真正优先考虑的词语后，请将下面这句话补充完整："现在，我已经明确了自己真正的优先考虑，我会走近我的伴侣，说出_____。"

你写下的那句话也许只是个开场白。请从你真正的优先考虑出发，与伴侣展开真正的沟通。无论你的伴侣怎么回应，都请牢记你最想要的是什么。你的一言一行会受到相应的指引。只有情绪成年的人，才能始终如一地相信内心的优先考虑。我们这些正在朝情绪成年迈进的人，则需要对自己更有耐心一点儿，因为我们有时会忘记心声，被自身需求和基于恐惧的优先考虑牵着鼻子走。不过，真心一定会是最终的赢家！

致意

本书提到的来访者均为虚构,是我多年来遇见的来访者和工作坊成员的混合体。所有对话都是我凭记忆记录的,细节并不准确,但核心内容保持不变。每当我写下你们中的某个人对我说的某句话,脑海中就会浮现出这个人的身影,心中就会充满感激。与大家无论是在专业还是私人关系上的交往都大大丰富了我的生命。正如苏珊和桑杰所说,我欣赏你们的本来面目。

致谢

感谢素梅、孟禅（Harmon Chan Moon）和孟明的贡献和指导。

与此同时，非常感谢英慧与金池、张德芬、查克·斯佩扎诺（Chuck Spezzano）、大卫·史纳屈（David Schnarch）、凯·亨德里克斯与凯瑟琳·亨德里克斯（Gay and Kathlyn Hendricks），以及"生命大智慧"的教练和倡导者们。

特别感谢孟禅的精心编辑！

持续关注作者的线上线下成长社群

Ayoka 阿尤卡—哈巴父母

阿尤卡—哈巴父母是由克里斯多福·孟倾力打造的情绪成长社群。

阿尤卡—哈巴父母,帮助亲子关系中的父母改善情绪。我们开发了一系列情绪体验课程,并以独特的哈巴冥想和哈巴部落等多种形式支持用户从知道到做到,提升对自身情绪的认知水平和驾驭能力,获得在亲子关系中的情绪成长和美好关系。

● 哈巴冥想,不同于传统冥想,哈巴冥想通过引导式的体验,在各种人生场景中体验自己的故事、画面、感受和信念,从而看见自己的习惯性情绪化反应,明白情绪的来源,并在内省的过程中提升驾驭情绪的能力,增长智慧和内在平和,获得更美好的人生。

● 哈巴部落,由克里斯多福·孟培养的专业教练通过线上线下社群给予陪伴和支持。

现在加入阿尤卡—哈巴父母
跟随克里斯多福·孟开启情绪成长之路

国际幸福汇

由从师于克里斯多福·孟老师,并经由香港国际教练联盟授权认证的教练所共同组建的官方平台。

该平台旗下的组织有:

- 生命教练联盟分会——线下学习成长活动与心理咨询服务。
- 生命教练导师培训。
- 老克读书会——亲密关系系列书籍在线学习与咨询服务。

寻找离您最近的分会,共同学习成长。

读者服务